나폴레옹
위대한 프랑스를 향한 열정

차례
Contents

03 혁명적 지성 - 있었는가, 없었는가? 12 전쟁의 영웅 - 승리한 마르스인가, 패배한 마르스인가? 29 집권 과정 - 혁명인가, 쿠데타인가? 45 통치 스타일 - 공화정인가, 독재정인가? 57 학문과 기술 진흥 - 창조자인가, 파괴자인가? 72 황제의 여인들 - 정치에 도움이 되었나, 해가 되었나? 87 영웅의 빛과 그림자 - 빛날 것인가, 사라질 것인가?

혁명적 지성 - 있었는가, 없었는가?

나폴레옹 하면, 흔히 우리는 '나의 사전에 불가능은 없다'라는 명언, 백마를 타고 알프스 산을 넘는 장면이나 쿠데타에 대해 말한다. 그러나 프랑스 사람들은 그를 잔 다르크, 드골과 함께 가장 훌륭한 애국자로 생각하고 있다. 테일러의 말과 같이 그는 비스마르크, 레닌, 손문처럼 세상을 바꾼 사람들 중 한 사람이다. 그는 혁명을 순리적으로 이끌어, 제국을 건설함으로써 부르봉 왕조의 부활을 영원히 불가능하게 만들었다. 그리하여 그는 혁명의 지도자이자 혁명 이념의 전도자, 홍보자 및 혁명의 우상이 되었다. 프랑스 위인 열전에서, 1980년 드골에게 선두를 내주기 전까지, 그는 타의 추종을 불허하는 명성과 위엄을 누려 왔다.

나폴레옹은 샤를 마리 보나파르트와 마리 레티치아 라몰리노 사이에 태어난 열두 명 중 죽지 않고 장성한 여덟 아이 가운데 둘째로 1769년 8월 15일 '아작시오'에서 출생했다. 코르시카에는 전통 귀족, 카포라티, 외국 귀족 등 세 종류의 귀족이 있었다. 그중 카포라티는 10~11세기 옛 귀족의 속박에서 벗어나려고 봉기했던 카사비앙카 가문, 아리기 가문 등이고, 외국 귀족은 나폴레옹 집안처럼 토스카나, 제노바 같은 대륙에서 건너온 가문이었다. 그의 조상은 1529년 이래 코르시카 섬에 살았고, 1400년에는 행정장관을 지낸 사람도 있었다. 그가 태어난 지 얼마 되지 않아 샤를은 법학박사 학위를 받았고, 베르사유 삼신분의회에 코르시카 귀족 대표로 참여했으며, 코르시카 독립투사 파스칼 파올리(Pasquale Paoli)의 부관으로 일한 바 있다. 그는 아들의 장학금을 위해 명망 있는 지위를 추구하느라 애쓰다가 39세의 이른 나이에 위암으로 타계했다.

나폴레옹의 가문은 부유하지는 않았지만, 이웃의 존경을 받았고 코르시카 섬의 참사회에 다섯 사람이나 봉직했으므로, 이 사회의 기준에서는 상당한 명문가였다. 그의 아버지는 미남이며 시와 웅변에 소질이 있었으며, 그의 어머니는 늙어서도 어느 사교계에서나 찬양받을 수 있는 천부의 미모와 품위를 갖춘 데다 마음마저 솔직하고 꾸밈이 없고, 강인한 의지를 가지고 있어 주변 사람들의 눈길을 끌었다. 1793년 파올리는 그녀에게 '코르넬리아(Cornelia)'라는 경칭을 붙여 주었다.

코르시카는 자유 신봉가들의 섬으로서 그리스나 다른 약소

국가들처럼 독립을 쟁취하려고 처음에는 제노아(Genoa) 그 다음은 프랑스의 군주정에 대항해 싸웠다. 프랑스는 이탈리아처럼 코르시카를 정복하려고 코르시카의 귀족들에게 친절을 베풀기도 했다. 그러나 코르시카의 지도자이자 전쟁 영웅 파올리는 오직 독립을 염원했고, 그의 이름은 유럽 각 나라의 수도에 명성이 자자했다. 나폴레옹은 코르시카가 프랑스로 편입되던 바로 그해에 태어났으므로 어린 시절부터 아버지가 코르시카의 '독립선언문'을 어떻게 기초했는지, 어머니가 독립군과 산림 속에서 어떻게 생활했는지 잘 알고 있었다. 그는 아버지로부터 다재다능함과 대단한 상상력, 그리고 어머니로부터 자존심, 용기, 명확한 성격을 이어받았다. 그는 어머니의 대범한 성격과 강한 정신력과 숭고함과 자부심을 존경했는데, 그녀는 셰익스피어나 플루타르코스의 작품에 나올 법한 인물이었다.

나폴레옹이 태어난 코르시카는 아이를 많이 낳는 것을 미덕으로 아는 습관과 근친 보복(vendetta)을 신성한 것으로 생각했다. 나폴레옹 집안도 예외가 아니었고, 그는 8남매 중 둘째였다.[1] 따라서 나폴레옹은 어려서부터 근친 보복, 자주 독립, 저항, 투쟁하는 사람들을 보며 자랐다. 그의 아버지는 그를 해군에 보낼 계획이었으나 그의 수학적 두뇌와 근면한 정신을 고려해서 포병에 지원하게 했다. 그는 군인처럼 학교를 구보로 다녔으며, 흰 빵으로 아침 식사를 했다. 그는 1778년 12월 15일부터 형 조제프가 다니던 오탱(Autun) 소재 교회 부설학교에서 3개월간 프랑스어 공부를 했고, 그 후 브리엔 왕립 군사

학교에 진학했다. 그는 코르시카식의 발음으로 자신의 이름을 '파이오네(Paille au nez)'라고 해 '짚으로 만든 코'라는 별명이 붙었다.

나폴레옹은 로마의 위대함에 현혹되었고, 『플루타르코스 영웅전』에 심취되었다. 그는 보쉬에(Jacques Bossuet)의 『세계사 강론(Discourese upon Universal History)』을 통해 야망과 꿈을 키웠다.[2] 그는 특히 수학을 잘했으며, 또한 역사와 지리에도 관심이 많았으나, 라틴어는 전혀 흥미를 갖지 않았고, 문법은 아주 싫어했다. 그는 리옹 아카데미가 제시한 "행복을 위해 인간이 배워야 하는 가장 중요한 덕과 원리는 어떤 것입니까?"라는 주제에 대해, "오, 루소 어찌하여 60밖에 살지 못한 그대가 덕에 있어서 불멸의 존재가 되었습니까!"[3]라고 소리 높여 루소를 찬양했다. 그가 말한 루소의 덕은 무엇이었을까? 그가 코르시카의 자유를 위해 혁명적 투쟁을 했던 것처럼, 그가 말한 루소의 덕은 '인민 주권, 자유 그리고 인위적인 불평등의 해소'였다.

나폴레옹은 특히 천문학과 수학 성적이 우수해 라플라스와 몽주 교수의 사랑을 받은 것이 인연이 되어, 1799년 그가 집권 후에는 스승 라플라스를 내무장관, 몽주를 파리 에콜 폴리테크니크 학장으로 임명했다. 그는 레날(Raynal) 신부의 진취적인 사상을 좋아해 식민지 지배에 대한 의견을 같이했다. 그러나 그는 권력을 잡은 후에는 루소를 멀리하고 노예제를 다시 수립했다.

나폴레옹은 16세에 포병 소위로 임관해 라 패르(La Fère) 포병 연대에 배속되어 주급 17실링 6펜스를 받았다. 그가 좋아했던 인물은 루소도 찬양했던 공화국을 건설하려는 파올리였다. 그는 파올리를 도와 코르시카의 독립을 되찾고 민주 정부를 세우는 것이 꿈이었다. 그는 프랑스 국왕의 제복을 입고 있으면서 코르시카 공화국 건설의 꿈에 젖어 있었다. 코르시카를 해방시키고 그 섬의 역사를 쓰는 것이 그의 꿈이었다.

나폴레옹은 1786년 4월 26일자로 된 그의 노트 '인민의 봉기권'에서, 인민이 통치자에게 대항하는 것은 무조건 잘못이라고 하는 것에 반대했다. 그리고 그의 '군주와 백성의 계약'에서는, 백성은 주권을 원할 때 언제든지 찾아올 수 있다고 믿었다. 그의 뇌리에는 보르노브의 말과 같이 루소의 『사회계약론』이 살아 있었던 것이다.

조제프의 말과 같이 루소의 찬미자인 나폴레옹은 이상향에 사는 사람이었다. 그는 매일 코르네유, 라신, 볼테르의 걸작들을 즐겨 읽고, 불어판 플루타르코스, 플라톤, 키케로, 코르넬리우스, 티투스 리비우스, 타키투스의 저서들과 몽테뉴, 몽테스키외, 레날의 작품을 읽었으며, 그의 마음은 공화주의와 계몽사상으로 불타오르고 있었다. 뿐만 아니라 그는 파리에 머물 때에도 왕정 시대 영웅의 허세를 스파르타의 위대함이나 코르시카의 영웅적 독립투사들과 대비시키면서 애국심과 명예심에 대한 글을 썼다. 그는 아주 복잡한 탄도학 문제를 비롯해 플라톤 공화국, 그리스 역사, 아테네와 스파르타의 정부, 이집트의 피라미드, 카르타고, 아시리아, 동서인도에서의 유럽 기관들과 상업의 역사, 영국 역사, 프리드리히 2세, 테레이 신부의 회고록, 재무총감, 동인도회사, 드 토트 남작의 터키 회고록, 봉인장, 루이 15세와 루이 16세의 섭정을 염탐한 영국 첩자의 편지, 뷔퐁의 『박물지』, 아랍인의 역사, 보쉬에의 『세계사 강론』 등 다양한 주제를 섭렵했다.

나폴레옹의 브리엔(Brienne)과 파리 군사학교 생활은 외국과 같았고, 생소한 사투리와 빈곤 때문에 명문가 출신의 학생들과 어울리지도 못했으며, 멸시당했다. 따라서 그의 성격은 자연히 과묵하고 침울했으며, 복수와 야망의 불길이 속을 태워 괴로움에 시달릴 때가 많았다. 세상과 접촉이 별로 없었던 그가 인생을 어떻게 살아갈지가 가족과 가까운 사람들의 염려이기도 했다.

그는 채 160센티미터도 못되는 작달막한 키였지만, 둥글게 균형 잡힌 머리, 맑은 올리브 색깔의 볼, 짙은 눈썹, 고대 세계의 가장 순수한 대리석으로 빚은 듯이 보이는 코와 입술, 그리고 무엇보다 번뜩이는 깊숙한 회색빛 눈을 가지고 있었다. 그의 눈은 때로는 섬광처럼 빛나며, 때로는 도저히 꿰뚫어 볼 수 없는 명상에 잠긴 모습이었다. 그 속에는 장중한 꿈, 확고한 의지, 왕성한 활력이 담겨 있었다. 게다가 그의 가슴과 어깨에서 발산되는 다부진 힘, 불꽃 튈 정도로 빠른 몸짓과 동작, 흰이와 섬세한 손, 그리고 작은 삼각모와 긴 회색 코트를 입고, 마상 위에서 질주하는 그의 모습은 환상적이었다. 샤토브리앙도 "그의 미소는 아름답고 부드럽다. 이마 밑에서 반짝이는 그의 눈은 정말 매력이 있었다"라고 했다.

나폴레옹은 소위의 봉급으로 사교계의 생활을 할 수 없었으므로 거의 매일 쓸쓸한 다락방에서 계몽사상가들의 저술을 탐독했다. 그는 17세에 이미 루소와 레날의 열렬한 찬양자가 되었고, 프랑스 혁명에 동조하고 있었다. 그는 혁명을 만든 세대가 아니라 혁명의 산물이었다. 그는 18세기의 가장 강력한 두 힘, 계몽주의의 과학적 이성주의와 루소의 낭만적 감수성에 영향을 받았다.

그는 계몽사상가들의 영향을 받아 성직자를 멸시하고 국왕들을 증오했으며, 기독교 교리를 불신하게 되었다. 그는 형이상학적인 것보다 실증적인 것을 더 좋아했다. 그는 역사, 지리, 여행에 관한 책들을 상세히 분석함으로써 당시의 정치적 상황을 파악할 수 있었다. 그는 오시앙(Ossian)과 베르테르(Werther)에 무한한 감명을 받았고 코르네유와 라신의 시민적 위대성에 대해 감명을 받았다. 그는 백과전서의 지식뿐만 아니라 도덕적 기초와 진리의 횃불, 그리고 편견을 타도한 자들을 역사에서 발견하고 동화되기 시작했다. 그의 마음속에는 변화와 개혁의 횃불이 타오르고 있었다.

1789년 나폴레옹은 프랑스 혁명을 보면서 가난한 사람들과 상속받을 재산이 없는 사람들도 향상된 삶을 살 수 있다는 기대감에 부풀었다. 그러나 그는 1789년 아작시오로 돌아가서 15개월 동안 머물러 있을 때에는 프랑스 내부의 상황에는 별

관심이 없었다. 그해 9월 그는 형 조제프와 함께 코르시카 혁명에 뛰어들었다. 그는 아작시오의 클럽에서 연설을 하고, 격렬한 선언문들을 작성했으며 민병대의 조직에 협력했다. 그는 아작시오에서 성직자와 귀족들을 적대시하는 인물로 소문이 났다.

그는 정규군이 아닌 코르시카 지원병(志願兵) 대대 부사령관으로 선출되었다. 1789년 11월 30일 코르시카가 프랑스의 일부로 인정됨에 따라 그의 반불 감정은 해소될 수밖에 없었다. 한편 영국의 도움을 받아 온 입헌군주주의자 파올리가 프랑스 혁명정부에 의해 친영파이자 반역자로 몰렸다. 파리 정부는 아무런 심사도 하지 않고 한 젊은 선동가의 근거 없는 말만 듣고 파올리를 체포해 1793년 4월 2일 바스티아(Bastia)에 있는 국민공회의 3인위원회에 위임해 처형토록 했다. 뤼시앵 보나파르트의 성급한 행동에 어쩔 수 없이 타협한 보나파르트 가는 파올리파의 공격으로 위기에 봉착했다.

고향을 잠시 방문한 나폴레옹은 코르시카 사람들의 우상이 된 파올리와의 관계를 유지하려고 노력했고, 파올리의 체포령에 대해 국민공회에 정중한 어조의 서신으로 애국자에게 내린 부당한 조치에 항의했다. 그러나 보나파르트 가가 바스티아에 있는 국민공회의원 살리세티(Salicetti)와 친분이 두터웠고, 뤼시앵이 무례하게 행동했기 때문에 나폴레옹은 파올리파의 적이라는 의심에서 벗어날 수가 없었다.

파올리파의 포로가 된 나폴레옹은 보코나노(Boconano)의 긴

계곡에서 죽을 고비를 넘기며 탈출했다. 그의 어머니도 네 아이들을 데리고 밤을 이용해 카피텔로 피신했다. 나폴레옹이 살고 있었던 6채의 집, 2개의 정원, 제분소 등은 모두 소실되고 약탈당했다. 나폴레옹과 그의 가족들은 여러 번 죽을 고비를 넘긴 피난 생활과 방황 끝에 1793년 6월 10일 칼비(Calvi)항에서 고향을 등지고 망명객이 되어 구사일생으로 툴롱에 상륙했다. 그는 빈민촌의 작은 공간에서 가족들과 궁핍한 생활을 하면서 빈곤의 극복과 평등 없이 행복은 이루어질 수 없다는 것을 절실히 느꼈다. 이후 나폴레옹은 혁명군의 군인이 되었고, 루이 16세의 바렌 탈출 사건을 듣고 공화주의자로 돌아섰다. 그는 제1통령을 거쳐 황제가 되어서까지 프랑스 혁명의 착실한 계승자로서의 역할을 충실히 수행했다.

전쟁의 영웅 - 승리한 마르스인가, 패배한 마르스인가?

　나폴레옹은 역사상 군인으로서 가장 큰 이름을 남긴 인물이다. 그는 20대에 이미 프랑스 혁명에서 가장 출세한 장군이 되었고, 이탈리아 원정군 사령관을 거쳐 이집트까지 극적인 원정을 했고, 30대에 제1통령이자 프랑스 제일의 실권자가 되었다. 그는 전쟁에서 잔뼈가 굵었고, 전쟁에서 영광을 얻었으며, 전쟁에서 힘을 얻어 정권을 잡아 황제까지 오른 전쟁의 귀재였다. 그는 영국을 비롯해 오스트리아, 이탈리아, 스페인, 이집트, 러시아 등과의 싸움에서 20회나 승리했다. 그는 카이사르보다, 알렉산더 대왕보다 더 많은 전승을 했다. 그의 승전의 비결은 기밀 유지, 훈련, 도덕성에 있었다고 한다.[4]

나폴레옹은 1792~1813년까지 다섯 차례나 조직된 대불 동맹군과 전투를 했다. 그는 1793년 툴롱 전투에서 세운 혁혁한 전공으로 대위에서 영관급을 거치지 않고 곧장 장군이 되었다. 그 후 1796년 5월 로디 전투의 승리로 밀라노를, 1797년 2월 아르콜레 전투로 만토바를 점령했다. 그리고 1800년 5월 그는 이탈리아 수복을 위해 오스트리아와 전투하면서 알프스를 넘었고, 6월 마렝고에서 승전했으며 드디어 1802년 이탈리아 공화국 대통령이 되었다. 1805년 10월 울름 전투에서 오스트리아군에 승리했고, 12월 아우스터리츠 전투에서 러시아와 오스트리아 동맹군을 격파했으며, 1806년 예나와 아우어슈타트 전투에서 프로이센군을 격파한 후 베를린에 입성했다. 또한 1807년 프리틀란트 전투에서 러시아와 프로이센군을 격파했고, 1809년 7월 바그람 전투에서 승리했고, 1812년 9월 보로티노 전투 후 모스크바에 입성함으로써 역사상 프랑스의 영토를 가장 크게 확대시켰다. 탈레랑이 러시아 황제에게 프랑스 영토에 대해 말한 바와 같이, 라인 강, 알프스 산맥, 피레네 산맥, 이 셋은 프랑스 국민이 정복한 것이고 그 나머지는 모두 나폴레옹이 정복한 것이었다.

황제가 되기 이전 나폴레옹은 어떤 전투에서 승리했으며 그 비결은 무엇일까? 그의 첫 승리는 툴롱 전투였다. 툴롱 전투의 전공과 파격적인 승진으로 나폴레옹은 군에서 선망의 대상이 되었다. 예를 들면, 툴롱 전투 직후 쥐노의 아버지가 아들에게 보낸 편지에서 "이 무명의 보나파르트 장군이 누구냐"

라고 물었다. 쥐노는 "검소하면서도 수 세기에 한 번 나올까 말까한 사람"이라고 대답했다.

당시 프랑스는 영국보다 석탄 생산량은 훨씬 적었지만 철 생산량은 더 많았다. 1793년 프랑스는 7천 문의 대포를 생산하는 등 무기 생산량이 급속히 늘어났다. 또한 워털루 전을 제외하고 영국 보병의 '얇은 횡대'는 프랑스 군의 '대규모 종대 공격'에 상대가 되지 못했다. 1796년 3월 나폴레옹이 장군으로서 처음 부임한 곳은 이탈리아 전선이었다. 그가 이탈리아 사령관에 부임했을 때만 해도 명성이 나있지 않아 그의 휘하 장군들은 그를 알아보지 못했다. 마세나(Masséna)의 말과 같이, 그가 장군모를 쓰자 2피트나 커보였다. 그는 사단의 위치, 군인들의 사기, 병장기의 상태 등을 확인하고 훈령을 내린 후 다음 날 군대를 검열하고 그 다음 날 적을 공격하겠다고 선언하는 신속한 지휘 능력을 보여 주위 사람들을 놀라게 했다. 사실 그의 휘하에 있는 마세나, 베르티에(Berthier), 오제로(Augereau) 장군은 모두 그보다 연장자였다. 하지만 나폴레옹이 그처럼 침착하고 위엄을 갖추고, 재치 있게 연설을 하는 것을 듣고 모두 나폴레옹을 자신들의 지도자로 믿게 되었다.

나폴레옹은 총재 정부가 미약한 전투력으로 로마, 나폴리 등과 전쟁하는 것은 어리석은 일이라고 보고했다. 그는 오스트리아의 침공 위협이 사라질 때까지 나폴리와 평화를 유지하고 협상을 통해 교황을 안심시키는 일이 현명한 방법이라고 생각했다. 그는 프랑스에 도움이 될 수 있도록 북이탈리아의 자유주의자들을 이용하고자 했다.

그의 이탈리아 원정의 목적과 작전 계획은 무엇이었나? 이탈리아는 고대 로마와 르네상스의 본고장으로 프랑스 사람들은 항상 그곳의 문화와 예술을 선망했다. 그러나 이탈리아는 프랑스에 비협조적이었고, 성직자들이 그들의 직분을 자유롭게 행사할 수 있도록 압력을 가하고 있었다. 나폴레옹은 이탈리아 중 가장 미약한 교황 국가를 병합해야겠다는 결심을 했다. 그는 정치가들과 전략가들이 저항할 것을 염려해 프랑스 가톨릭교도들의 호의를 얻고자 했다. 그리고 만투아에 집결한 1만 3천 명의 오스트리아군에 대항해 4개월간 버틸 수 있는 식량을 확보해야 한다고 생각했다. 그는 오스트리아에 베니스를 분할해 준다면 이탈리아가 프랑스를 공격하지 못할 것이라고 생각했다.

1797년 10월 17일 나폴레옹이 캄포 포르미오(Campo-Formio) 강화조약에 서명함으로써 전쟁은 일단락되었다. 오스트리아는 벨기에와 라인 국경 지대를 프랑스에 양도하고 시살핀 공화국을 인정했다. 그 대가로 오스트리아는 베니스를 받았다. 이로써 나폴레옹은 전쟁뿐만 아니라 유럽 최고 외교가로서의 명성을 얻었다. 그는 피에몬테에서 "이탈리아인이여! 우리 프랑스군은 그대들을 해방시키려고 왔습니다. 우리는 그대들의 재산, 종교, 전통을 존중할 것입니다. 우리가 맞서 싸우려는 자들은 우리를 노예로 삼으려는 독재자들입니다"라고 하면서 안심시켰다.

나폴레옹은 혁명정부로터 교황청의 점령과 교황 축출 명령을 받았으나 화합과 단결을 위해 오히려 교황과의 우호를 돈독히 했다. 그는 평화로운 국가를 파괴하거나 점령하려고 하지 않았다. 그는 당면한 위기에서 프랑스를 구출하려 했다. 이탈리아 원정은 그러한 과정의 일환이었다. 그는 점령지에 대한 약속을 이행했다. 그는 오스트리아를 무찌른 다음 이탈리아를 재건하기 위해 자금을 지원받고, 산림을 녹화하며, 봉건적 소작료를 철폐했다. 언론의 자유를 보장하고, 국민과 함께 프랑스의 삼색기에서 영감을 받아 새 국기를 만들었으며, 범죄율을 낮추기 위해 노력했다. 그리고 이탈리아 남부와 북부에 공화국을 설립한다고 선포했다.

캄포 포르미아 조약에 의해 프랑스의 적대국은 거의 사라지고 영국만이 남게 되었다. 나폴레옹은 영국을 파멸시키지 않으면, 저 적극적인 섬사람들에 의해 프랑스가 파멸당하게 될 것이라고 생각했다. 영국만 섬멸하면 유럽이 송두리째 프랑스의 지배하에 들어올 것이 들여다보였다. 프랑스는 육군이 매우 강력한데 반해 해군력은 별로 보잘것없는 상태에 있었다. 미국 독립전쟁에서 실력을 발휘했던 해군은, 그간 방치해 거의 해체 상태에 있었다. 나폴레옹은 그것이 바로 프랑스가 영국에게 패하는 요인이 될 것이라고 예견하고 있었다.

1798년 2월 나폴레옹은 영국 원정군 사령관으로 영불해협을 시찰했는데, 장기간의 준비 없이 영국을 정벌한다는 것은 불가능하다는 것을 알았다. 상황 분석을 면밀히 한 그는 이집트에 거점을 확보하면 영국 해군을 견제할 수 있으며, 이러한 작업 없이 런던 상륙은 어리석은 짓에 불과하다고 결론을 내렸다. 그는 튀니지를 이집트로 가는 길목으로 잡고, 이집트에서 메카와 테헤란을 통해 그리고 아라비아 사막과 페르시아의 장미 정원을 지나 신성한 갠지스 강의 흰 사원에까지 점령하는 작전 계획을 세웠다.

날이 갈수록 혁명군의 열정은 점점 힘이 되어 나폴레옹에게 응집되었다. 그는 영국을 정복하는 방법을 두 가지로 생각했다. 하나는 영국 함대가 알렉산드리아 해안을 배회하는 동안 영불 해협으로 돌아와 바다를 건너 기습적으로 공격하는 것이고, 다른 하나는 이집트 정복과 수에즈 운하를 관통해 요새화한 후 프랑스군을 인도로 진격시켜 인도의 마라타족(Mahratta)과 손을 잡고 영국을 동양에서 몰아내는 방법이었다.

1798년 1월 29일 나폴레옹은 비서 브리엔(Brrienne)에게 유럽은 자신에게 너무나 좁은 판도라고 말하며, 성 루이 왕의 십자군 이래 이집트를 근동의 모든 지역에서 프랑스의 가장 큰 시장으로 생각했던 것을 떠올렸다. 때맞추어, 탈레랑은 루이 14세 때에도 이집트 원정에 대한 구상은 작성된 바 있었다며, 총재 정부와 나폴레옹에게 원정의 유용성을 설명했다.[5] 1798년 5월 19일 나폴레옹은 스위스를 점령하고 베른에서 약탈한 전리품 중 300만 프랑을 이집트 원정 기금으로 배정했다. 5월 19일 그는 툴롱 항에서 수송선 130대, 호송함 13대, 쾌속 범선 42대, 그리고 통발선, 연락선 등에 승선한 3만 8천의 장병과 학자, 예술가, 기술자 등 167명을 대동하고 이집트 원정에 올랐다. 이렇게 많은 학자들을 대동하고 원정에 오른 것은 역사상 거의 볼 수 없는 일이었다. 나폴레옹은 카이사르처럼 파라오의 땅을 정복하고, 알렉산더 대왕처럼 오리엔트에서 군대를 이끌겠다는 생각으로 흥분했다. 알렉산드리아 해안 상륙까지는 무난했으나 터키로부터 선전포고를 받았다. 나폴레옹의 침공에 대비해 이슬람의 적을 축출하라는 술탄의 칙령이 사원에서 낭독되었다.

나폴레옹이 홍해를 연결하는 수로를 탐색하러 수에즈에 간 동안 터키의 재상이자 시리아 총독인 파샤(Ahemed Pasha)가 이집트를 이미 침공하고 있었다. 이를 계기로 나폴레옹은 시리아 정벌의 구실을 얻었고, 이집트의 동북 국경을 프랑스군이 확보하고, 영국의 해군 기지를 점령하고자 작전을 짰다. 그는 오스트리아로부터 이탈리아, 마멜룩크로부터 이집트를 해방시킨 것처럼 터키의 굴레로부터 시리아를 구출하기 위해 진격했다.

7월 21일 피라미드 전투에서 승리한 후 나폴레옹은 이집트의 총독이 되었다. 하지만 영국의 넬슨이 진격했고, 포격으로 장비가 파손되고, 탈영병이 속출하며, 기후 변화에 견디지 못해 병사들이 시달렸다. 게다가 알렉산드리아에 페스트가 퍼졌다. 영국은 나폴레옹이 병사들에게 아편을 먹였다고 선전했다. 나폴레옹은 병력과 장비의 손실이 급증해 불안한 데다가 프랑스군이 이탈리아와 라인 강 쪽에서 밀리고 있다는 소식을 접했다. 때마침 시에예스가 총재로 선출된 것에 불안을 느낀 바라스가 그의 귀환을 부탁하자 나폴레옹은 이집트 원정을 중도 포기하고 클레베르에게 전권을 위임한 후 비밀리에 파리로 귀환했다.

파리로 귀환한 나폴레옹은 아베 시에예스와 손잡고 1799년 브뤼메르 쿠데타에 성공한 후, 1800년 5월 6일 브리엔과 함께 알프스 산맥을 확보하려고 파리를 떠나 디종, 옥손, 나옹, 제네바를 지나 17일 목표 지점인 2,272미터 고지를 바라보며 생베르나르 협곡을 넘기 시작했다. 그는 얼음, 폭풍, 눈사태와 싸워야 했다. 근위대를 제외하고 병사들은 제복도 갖추지 못했다. 열 마리의 노새가 끌고 병사들이 밀어도 대포와 보급품을 실은 마차가 꼼짝도 하지 않았다. 한동안 난감했던 그는 "대포를 해체해 속을 파낸 소나무 통 속에 넣으면 끌고 갈수 있을 것이다"라는 한 농부의 조언으로 알프스 산을 넘을 수 있었다. 군대 5만과 말 1만 마리가 눈보라 속에서 전전긍긍하고 있을 때, 그는 "불가능에 도전하라, 산을 통과하라!"라고 병사들을 독려했다. 정말 그의 명령처럼 병사들은 움직였고 산을 넘었으며, 쏟아지는 빗속에서 그는 손수 포대를 장착하고 규칙적으로 포격을 가했고 드디어 승전고를 울렸다. 나폴레옹은 다비드가 그린 그림에서처럼 멋진 백마를 타고 산을 넘은 것이 아니라 악전고투를 했으며 험난한 산악 지방에 적응할 수 있는 노새를 타고 넘었다.[6]

프랑스에서는 나폴레옹을 정점으로 대불 동맹국에 맞서 '정부와 국민'이 결합해, 거국적인 국민군이 구성되었다.[7]

1803년부터 병사들이 많아짐에 따라 병장기는 물론 병사들이 입을 군복을 마련해 주기도 힘들었다. 전쟁의 혼란을 틈타 많은 양의 납품 부담을 진 군수품 제조업자들이 속임수를 쓰고, 싸구려 재료를 사용했다. 보병의 무기는 1777년식 엽총과 구부러진 손칼이 전부였고, 소총과 대포의 사정거리는 각각 500미터와 1,800미터였으나, 유효 사거리는 소총은 250미터, 대포는 1,200미터 정도였으므로 그나마 전승을 대포의 위력에 의지할 수밖에 없었다.

황제가 된 후, 나폴레옹은 영국을 점령하기 위해 1805년 5월까지 21만의 병력을 동원했다. 그는 영국을 점령하려면 강력한 군대, 적절한 수송 체제, 도항과 상륙에 필요한 해군 조직 등 세 가지 조건을 갖추어야 한다는 것을 잘 알고 있었다. 그러나 프랑스는 어느 것도 완벽하게 준비된 것이 없었다. 나폴레옹이 황제에 즉위하자 동시에 영국을 포함해 러시아와 오스트리아가 그를 저지하고자 의기투합해 1805년 8월 제3차 대불 동맹을 구축했다. 그는 영국의 동맹국 러시아에 중재를 요청해 몇 차례 협상을 시도했으나 실패했다.

나폴레옹이 영국을 없애 버리려는 소망은 더욱 굳어졌다. 그는 해군 제독 빌뇌브에게 영불해협을 24시간 동안만 통제해 달라는 명령을 내렸다. 그것은 10만의 군인을 영국에 상륙시키려는 것이었다. 30척의 프랑스 전함에 비해 영국은 24척밖에 되지 않았다. 그러나 1805년 5월 11일 영국은 러시아를 설득해 오스트리아와 함께 8월 9일 대불 동맹에 가입했다. 나폴레옹이 오스트리아를 대패시키고 있을 무렵인 10월 21일 영국의 넬슨 제독의 대담한 공격으로 몇 시간 만에 빌뇌브의 함대가 트라팔가에서 대패해, 영국 입성은 불가능하게 되었다.8) 영국은 포로가 된 그를 프랑스에 돌려보냈으나 자살했다.

그러나 내륙에서 나폴레옹은 많은 승리를 거두었다. 그는 대불 동맹군이 아우스터리츠 평야의 프라첸 고원에서 진을 치자 예상했던 대로 공격해 러시아와 오스트리아 황제들이 이끈 동맹군 10만을 4시간 만에 완패시켰다. 그는 군기 40대, 러시아 황제 근위대의 깃발, 대포 120문, 20명의 장군을 비롯해 3만 명을 포로로 잡았다. 그는 병사들에게 "나는 아우스터리츠에 있었다"라고 하면 환영받을 것이라고 하면서 격려했다. 런던에서는 피트 수상이 러시아와 오스트리아 동맹군의 대패 소식을 듣고 충격을 받은 것이 원인이 되어 사망했다.

그래도 나폴레옹이 영국을 정벌할 수 없자 1807년 11월 21일 프로이센의 수도에서 '대륙 봉쇄령'을 발표했다. 그것으로 인해 동맹국이나 프랑스의 영향권에 있는 모든 지역의 항구에 영국 상선이 입항하지 못하게 되었다. 그는 무역로를 차단함으로 해상 왕국을 점령하고자 했던 것이다.9) 그러나 영국은 도리어 역공세를 취하며 독일, 네덜란드, 스페인, 포르투갈 등과 밀수를 통해 통상을 계속했다. 나폴레옹은 대륙 봉쇄 정책이 실효를 거두지 못하게 되자 이를 위반하는 나라들을 응징하기로 결심했다. 그 첫 번째 대상이 이베리아 반도의 나라들이었다. 1807년 그는 포르투갈을 정복하고 스페인을 공격했다.

스페인은 로마화가 가장 일찍 된 나라 중의 하나로서 나폴레옹이 선망하는 나라였다. 이후 서고트족이 점령했으나 이슬람에 의해 정복되었으므로 로마 문화와 이슬람 문화가 어우러져 문명의 극치를 이루고 있는 스페인은 이탈리아와 함께 프랑스 사람들이 욕심을 내고 있는 나라였다. 1808년 나폴레옹은 스페인에서 부르봉 가 출신을 몰아내고, 형 조제프를 스페인 왕으로 임명했다. 그러나 스페인에서 민중의 반란이 일어났는데, 이를 중재해 달라는 스페인 정부의 요청을 받고 나폴레옹은 스페인 원정을 단행했다. 그가 20만 병력과 네이 술트, 르페브르, 마세나, 베시에르 같은 최고의 원수들을 거느린 것에 비해 스페인의 정규군은 고작 8만이었다. 존 무어가 지휘하는 영국군 3만이 스페인 코루냐에 상륙했으나 전쟁은 간단하게 끝났다. 그러나 그것은 스페인 민중의 뜻을 읽지 못하고 민중과 정부의 갈등을 해소하지도 못했다. 그리고 그가 스페인에서 얻으려고 했던 해군력과 경제적인 것들 중 어느 것도 얻지도 못했다. 나폴레옹이 스페인에서 철수하자 나팔총과 단검으로 무장한 스페인의 게릴라가 부녀자와 아이들의 목숨을 600명이나 앗아갔다. 분노한 프랑스군이 마을을 다시 공격해 주민을 참살하고 집에 불을 지르고, 포로들을 총살하고 사지를 절단했다. 그러나 예상과는 달리 스페인의 게릴라와 웰링턴이 이끈 영국군의 저항으로 나폴레옹군은 많은 손실을 입고 철수해야만 했다.

이런 프랑스군의 약세를 틈타 1809년 오스트리아가 프랑스에 선전포고를 했다. 그러나 나폴레옹은 신속하게 도나우 강 쪽으로 진격해 빈을 함락하고, 아스페른과 바그람 전투에서 승리했다. 나폴레옹은 러시아 세력을 견제할 목적으로 오스트리아와 동맹하고자 했다. 그는 1810년 오스트리아 황제 프란츠 1세의 딸 마리 루이즈와 결혼하고 오스트리아와 공수동맹을 맺었다. 한편 나폴레옹은 1810년 바그람 전투 이후 전투력에 뛰어난 마세나 원수를 스페인에 파견했다. 그러나 그는 나이에 비해 늙어 보인 데다가 기마병 중위 복장을 한 여자를 데리고 나타나 주둔군에게 실망을 주었다. 프랑스군은 영국 보병의 화력과 웰링턴의 '초토화 작전'에 전혀 대비하지 못해 밀리는 처지가 되었다.

나폴레옹은 러시아가 대륙 봉쇄령을 준수하지 않자 드디어 1812년 우호 관계를 단절하고 원정을 결심했다. 웰링턴은 프랑스가 러시아 원정으로 계속 주둔군을 감소시키는 틈을 타 1812년 1월 프랑스 요새를 습격했다. 그는 3월 바다호스를 점령하고 이어 살라만카를 습격해, 마르몽 장군을 유인해 냈다. 1812년 7월 4만의 병력으로 웰링턴에 대항한 프랑스군은 1만 5천 명의 사상자를 내고 전투력을 상실했다. 8월 웰링턴은 무난하게 마드리드에 입성했다. 조제프는 저항도 한 번 제대로 해 보지 못하고 퇴각했고, 마르몽이 항복을 선언했다. 나폴레옹은 쥐비지(Juvisy)에서 이 소식을 듣고 "비겁하게 항복이라니! 조제프가 모든 것을 잃어버렸어"라고 하며 탄식했다. 그는 "내 왕조를 지키기 위해 형제가 필요하다고 생각한 게 잘못이지"라고 후회했으나 이미 때는 늦었던 것이다.

그러면 러시아 원정은 어떠했나? 나폴레옹은 오스트리아와 프로이센, 이탈리아, 네덜란드, 폴란드 등 여러 나라에서 모은 군대 32만과 프랑스군 35만 6천을 합해 무려 70만에 가까운 '위대한 군대'를 조직했다. 스페인에 주둔한 20만 명을 합하면 무려 100만에 가까운 프랑스군이 유럽에서 조직되었다. 그는 1812년 6월 6일 프랑스 주재 러시아 대사 쿠라킨에게 파리를 떠나라고 명령했고, 22일 아침 러시아에 선전포고를 했다. 그가 이끈 45만 군대는 러시아의 16만에 비해 비교가 안 될 정도로 우세했다. 그는 1812년 9월 보르디노(Bordino) 전투에서 러시아군을 대패시키고 모스크바로 진격했다.

나폴레옹은 러시아 원정에 50일 작전을 생각했지만, 예상과는 달리 길은 멀고 험했으며, 당도하기도 전에 약탈, 질병, 탈영이 횡행하고 이미 말도 2만 마리가 죽는 손실을 입었다. 게다가 러시아의 로스토프신 지사와 경시총감의 명령으로 모스크바가 불타 가옥의 4분의 3이 잿더미가 되고, 60만 세대가 거지가 되고 말았다.[10] 나폴레옹은 겨울이 곧 시작된다는 콜랭쿠르의 경고를 무시했다. 처음에는 날씨도 온화하고 좋았으나, 며칠 안 되어 눈보라와 함께 영하 20도의 강추위가 계속되었다. 그는 후퇴를 지연시키다가 코사크의 추격을 받았다. 1812년 10월 18일 프랑스군은 모스크바에서 철수했다. 추위, 기근, 도강에 대한 대비책이 없었고, 러시아군의 추격과 퇴로 차단으로 전투마다 패해 니멘 강을 건넜을 때에는 불과 5만

남짓한 병사들밖에 남지 않았다. 나폴레옹은 그들을 남겨 놓고 혼자 파리로 귀환하는 처량한 신세가 되었다. 네이 원수의 말과 같이 프랑스군이 섬멸된 것은 러시아군의 총탄보다 바로 동장군과 기근이었다. 병사들은 추운 겨울 여름옷을 입고 병장기와 군수품을 지고 하루에 30~40킬로미터를 달려야 했으며, 얼어 죽고 굶어 죽고 늪이나 강의 물을 마셔 병이나 죽은 병사들이 부지기수였다.

나폴레옹이 러시아 원정에서 실패하자 그의 동맹국들은 하나둘씩 떨어져 나가기 시작했고, 이러한 상황을 이용해 러시아, 프로이센, 오스트리아가 '유럽 해방 전쟁'을 시작했다. 1813년 10월 16~19일에 벌어진 이른바 라이프치히 전투로 알려진 '여러 민족들의 전쟁'에서 마침내 나폴레옹군은 패했고, 동맹군들이 1814년 3월 말 파리에 입성했다. 동맹군이 파리에 입성하기 2일 전 마리 루이즈 황제비와 황세자 로마왕(프랑수아 샤를 조제프 보나파르트, 나폴레옹 2세)은 나폴레옹의 패망을 예견하고 한마디의 상의도 없이 29일 오스트리아로 도피했는데, 이것이 그들의 마지막 인연이 되었다.

처음엔 동맹국들도 나폴레옹의 퇴위나 왕조의 변경에 대한 요구보다는 라인 강, 알프스 산맥, 피레네 산맥으로 이루어진 프랑스 자연 국경선을 지켜 달라고 했다. 그러나 나폴레옹은 그럴 생각이 없었다. 강화가 결렬되자 전쟁은 계속되었고, 그는 사령관들에게 퐁텐블로 성에 집결해 전쟁을 지지해 줄 것을 요구했다. 사령관들은 사태가 달라져 각국의 군주들이 나폴레옹의 퇴위를 요구하였고, 또한 원로원에 의해 이미 입법화되었으며, 파리의 여론도 그러한 쪽으로 기울고 있다는 것을 감지했다. 그의 퇴위는 1814년 4월 2일 상원의 투표로 결정되었고, 실제로 물러난 4월 6일 새 헌법이 마련되었으며, 부르봉 왕조의 복고와 루이 18세의 즉위가 결정되면서 5월 그는 엘바 섬에 유배되었다.

나폴레옹은 엘바 섬에 도착하자마자 탈출 계획을 은밀히 세웠고, 드디어 1815년 2월 그곳을 탈출해 3월초 칸(Canne)에 도착했다. 그는 군중들의 열렬한 환호를 받으며 3월 20일 파리로 다시 돌아왔다. 그는 패전의 설욕을 씻기 위해 다시 군대를 모았다. 영국의 웰링턴은 10만 7천 명의 병력과 대포 216문, 프로이센의 블뤼허는 12만 8천 명의 보병과 대포 312문을 가졌다. 나폴레옹은 12만 8천 명의 병사와 366문의 대포로 싸워야 했다. 그의 작전 계획은 블뤼허와 웰링턴을 일격에 무찌르고 나서 러시아와 오스트리아가 여전히 전투를 포기하지 않을 경우 그들을 섬멸하는 것이었다.

전쟁의 불길은 1815년 6월 벨기에 브뤼셀 근처 워털루로 모아졌다. 그러나 나폴레옹은 이 전쟁에서 패배하고 말았다. 웰링턴이 이끈 동맹군은 블뤼허의 프로이센군의 지원을 받아 나폴레옹군을 격파했다. 나폴레옹은 이 전쟁에서 패한 이유가 무엇일까? 첫째, 그는 '몽 생 장' 근처에 주둔한 영국군을 확인했음에도 불구하고 새벽에 개시하려던 공격을 대포가 진창 속에 빠질 것을 염려해 아침 9시로 연기했는데, 바로 그 시간 블뤼허 군대가 도착해 영국을 지원했기 때문이었다. 둘째, 네이 장군이 '오랑예'군의 분대를 영국 전위부대로 착각했고, 나폴레옹은 블뤼허에 대한 추격 명령을 내리지 않아 동맹군이 병력을 강화하게 하는 실수를 저질렀다. 셋째, 나폴레옹이 언덕 뒤에 숨겨 둔 웰링턴의 군대를 확인하지 못하고 중앙으로 정면 공격하다가 수많은 사상자를 내고 패퇴했기 때문이다. 게다가 '지옥에서 온 숙녀'들이라고 하는 킬트 치마를 입은 스코틀랜드 병사들에 대한 두려움이 작용했던 것이다. 나폴레옹은 저녁 7시경에 이르러서야 네이 장군의 지원군 요청을 거절한 것에 대해 후회했으나 이미 때는 늦었다.

1815년 6월 21일 웰링턴에게 패배한 나폴레옹이 엘리제 궁으로 귀환했을 때, 의회는 대불 동맹국과 협상해 루이 18세를 맞이할 준비를 했다. 나폴레옹은 그가 의회를 해산하려고 왔다는 헛소문을 퍼트린 푸세, 라파예트 등 공모자들을 잡아들이거나 실제로 의회를 해산하며 브뤼메르를 재현할 수도 있었으나 움직이지 않았다. 그리고 엘리제 궁 주변에서 "황제 만세" "우리에게 무기를 주시오" "폐위 반대"라는 군중들의 함성에도 동요하지 않았다. 그는 폭도의 황제보다는 '합법적인 통치자'로 남기를 원했던 것 같다. 그의 불패 신화는 이제 완전히 무너졌다.

1815년 워털루 전투는 단순히 웰링턴의 승리가 아니라 이미 산업혁명을 선도하며 세계 최강의 경제력을 가지고 있었던 영국의 힘이 프랑스를 압도했다고 보아야 할 것이다. 당시 프랑스 병장기와 군복의 대부분이 영국제였고, 이후 영국은 '해가 지지 않는 제국'이 되었다.

동맹국들은 사실 프랑스가 아니라 나폴레옹의 멸망을 원했다. 나폴레옹의 패배는 스페인에서부터 시작되었는데, 무엇으로 보나 스페인에게 패할 이유가 없었다. 이집트 원정 당시 그의 군대는 80만 명이었으며, 정예병 30만이 스페인에 투입되었다 하더라도 나머지 군대로 무리 없이 오스트리아도 제압할 수 있었을 것이다. 나폴레옹도 자인한 원정의 실패 원인은 첫째, 계몽주의와 프랑스 혁명의 숨결이 피레네 산을 넘지 못 했기 때문이다. 스페인 사람들은 프랑스의 입헌적 자유, 인권, 종교적 관용 등 프랑스의 제도와 문화에 대해 아무런 매력을 느끼지 못했다. 나폴레옹은 그들에게 있어서 종교의 적, 국왕의 유괴자, 침략자로밖에 보이지 않았던 것이다. 둘째는, 불모의 중앙고원, 험준한 산맥, 협소한 도로, 행군을 저해하는 하천 등으로 스페인 봉기군을 진압하기가 어려웠다. 스페인 국민들의 저항은 19세기 유럽에 싹튼 민족주의 운동과 무관한 수도사들이 주도한 '반프랑스, 반나폴레옹 운동'의 결과로 풀이된다. 나폴레옹은 자신이 진두지휘한 전투에서 패한 적이 없는 '전쟁의 불사신'이자 '전쟁의 영웅'이었지만, 스페인전에서 영국에 패해 엘바 섬에 귀양을 갔고, 그 후 러시아에 패해 세인트헬레나에서 '전쟁의 주범'으로 비참한 생을 마감했던 것이다.

집권 과정 - 혁명인가, 쿠데타인가?

 나폴레옹에게 정치적 기반을 마련해 준 것은 1796년 5월 10일 북 이탈리아의 로디(Lodi) 전투였다. 그는 방데미에르와 몬테노테 전투까지도 아직 자신이 위대한 인물이 되었다는 것을 느끼지 못했다. 카즈에 의하면 "바로 로디 전투에서 나폴레옹은 역사를 이끌어 가기 시작했고, 그 후 결코 역사를 떠나지 않았다." 그곳에서 뒤로크, 쥐노, 뮈롱, 마르몽 등과 같은 인물들을 만났고, 막시밀리앙 로베스피에르의 동생 '오귀스탱 로베스피에르'와의 위험한 관계도 시작되었다. 그의 집권 과정은 첫 번째는 1799년 11월 브뤼메르 쿠데타에 성공해 12월 제1통령이 된 것이고, 두 번째는 1804년 5월 원로원에서 만장일치로 황제가 된 것이며, 세 번째는 1815년 3월 엘바 섬에서 파리로 입성해 백일천하를 시작한 것으로 볼 수 있다.

1793년 12월 22일 준장으로 승진한 후 나폴레옹은 이탈리아 주둔 포병 사령관 뒤자르의 보좌관에 임명되어 지칠 줄 모르는 왕성한 활동으로 사령관을 압도했다. 사령관이 뒤메르비옹으로 교체되었을 때, 그는 이탈리아 원정 계획을 세워 오귀스탱 로베스피에르에게 제출해 '탁월한 능력'을 인정받았다. 마드무아젤 로베스피에르도 나폴레옹은 공화파일 뿐만 아니라 산악파이며, 진정한 평등과 범자유주의를 위해 싸우는 투사라고 칭찬했다. 그러나 정책 결정권자인 카르노가 스페인 원정을 구상하고 있었기 때문에 그의 계획은 받아들여지지 않았다. 나폴레옹이 세운 계획은 마세나 총사령관에게 위임되었다.

막시밀리앙 로베스피에르가 처형되자 국민공회는 그 동생 오귀스탱을 자유 탄압 음모로 고발했고, 나폴레옹은 로베스피에르의 사람이라는 죄목으로 체포되었다. 다행히 그는 로베스피에르의 독재 정권에 동조한 흔적이 발견되지 않아 1794년 8월 20일 석방되었으나 군사 지휘권을 돌려받지 못했다.

석방된 다음날 나폴레옹은 방데에 있는 한 보병 여단을 지휘하라는 명령을 받았다. 그는 자신이 포병 전문가라는 이유로 임지에 가지 않고, 자신의 입장을 제기하고자 파리로 갔다.[11] 파리에서 나폴레옹은 사돈 에티엔의 사업 친구의 도움으로 탈리앙 부인의 살롱에 출입하고, 마담 드 보아르네와 교제하면서 정부 요인들을 만나 힘을 길렀다. 그때 탈리앙 부인의 권고에 따라 그는 코르시카식의 뷔오나파르트와 나폴레오

네를 버리고, 프랑스식의 보나파르트와 나폴레옹으로 바꿨다.

1795년 10월 4일 나폴레옹은 국민공회 소속 5천 명으로 '봉기 시민' 2만 5천 명을 평정함으로써 10월 11일 국민공회에서 '보나파르트'라고 하는 생소한 이름이 처음으로 호명되게 했다. '모두들 이 사람은 어디 출신인가? 무엇을 하던 사람인가? 어떤 훌륭한 공을 세웠기에 추천되었는가?'라고 하면서 박수갈채를 보냈다. 그는 1795년 10월 16일 소장으로 승진되었고, 26일 국민공회는 산회 직전에 그를 치안군 사령관에 임명했다. 굶주리고 볼품없던 젊은 장군이 3주 만에 유명 인사가 되어 오늘날 방돔 광장이 된 피크 광장의 사저에 자리 잡게 되었다.

1796년 3월 그는 이탈리아 원정군 사령관이 되면서 힘을 더욱 얻어 이른바 '1799년 브뤼메르 쿠데타'까지 밀고 나갔다. 나폴레옹의 집권을 혁명으로 볼 것인가 쿠데타로 볼 것인가에 대한 논쟁은 여전히 계속되지만 분명한 것은 그의 집권은 오직 국민들의 염원이었다는 것이다. 당시 정부에 대한 불신이 팽배해 있었고, 나라는 전쟁과 혁명의 시련 속에 빠져 있었다. 특히 1795~1799년 5인의 총재 중 계속 총재로 재직했던 바라스는 능력이 있었음에도 부패하고 방탕한 생활로 매우 피폐해 있었다. 이러한 상황에서 나폴레옹이 이집트 원정 중 6주간의 항해 끝에 프레쥐스(Fréjus)에 상륙해 1797년 12월 10일 바라스, 베르티에와 함께 덮개가 없는 마차에 모습을 드러내자 파리 시민들과 거리의 악사들은 환호하며 그의 영광을 노래했다. 그의 얼굴은 이미 메달이나 화장품 라벨, 판화 등으로 널리 알려져 있었다. 그는 전쟁과 모든 시련을 극복할 수 있는 '평화의 구세주'로 환영받았다.

국민들은 이탈리아의 정복자요, 이집트의 건설자이며 동시에 파리의 치열한 반목과 혼란에 개입되지 않고 공화국 이외에 어떠한 명분에도 구애받지 않고 있는 나폴레옹이야말로 당시의 난국을 극복할 수 있는 사람이라고 믿었다. 그는 오스트리아, 러시아, 영국과 명예로운 강화를 맺을 것이며, 방데의 왕당파 반란을 진정시킬 수 있을 것이다. 그는 또한 사회주의자들과 비적들의 소란을 진압할 것이며, 도로를 고치고 재정을 회복하고 정의, 공평, 원칙에 입각한 통치로 프랑스에 막대한 혜택을 가져다줄 것이라고 사람들이 기대했다.

아부키르 전투의 빛나는 월계관을 쓰고 파리에 도착한 나폴레옹은 국민들로부터 영웅적인 갈채를 받게 되자, 갑자기 군무를 뒤로 미루고 평범하고 근면한 시민의 역할을 해 돋보이려고 했다. 그는 이집트의 고고학에 대한 논문을 학술원에서 발표하기도 하고, 때로는 저명한 학자들과 더불어 거리를 배회하기도 했다. 그의 의도는 제국을 얻으려는 무서운 야심가가 아니라 평화 정책에 정통하고 지식을 갈망하며 지성인을 존중하는 사람으로 자신을 선전하려는 데 있었다. 그는 수 주 동안을 파리의 정치적 소용돌이를 예의주시하고, 모든 정당을 세밀히 관찰하면서 자신은 어느 것에도 관여하지 않고 있었다.

나폴레옹은 총재 정부의 위기를 보다 못해, 아베 시에예스와 손을 잡고, 밤에 튈르리 궁에 모여 시에예스가 작성한 계획서에 따라 1799년 브뤼메르 17~18일 '쿠데타'를 모의하게 되었다.12) 시에예스의 기본 사상은 제3신분이 대우받고 사회적 역할을 해야 한다는 것이었다. 그는 민주적 원리에 입각해 헌법을 작성했으며, 제1통령에게 권한을 주지 말아야 된다고 생각했다. 그는 나폴레옹의 지휘권을 상비군으로 국한시키고 총재 정부와 입법부를 지키는 수비대는 자기가 지휘하려 했다. 그러나 나폴레옹은 조용히 징병 법령을 바꿔 가며 양쪽의 지휘권을 장악했고, 집권한 후 작위와 지참금을 주어 시에예스를 정계에서 은퇴시켰다.

나폴레옹은 종래의 군주정과는 달리, 권력의 원천을 세습이 아니라 국민으로부터 이끌어 냈다. 그는 자신이 혁명의 산물이며 프랑스 국민들이 자신을 지지하고 자신이 프랑스 혁명을 이끌어 가기 바란다는 것을 확신하고 있었다. 사람들은 1789년 혁명이 이미 완성 단계에 있다고 생각했기 때문에 어떤 새로운 정치 변화에 대해서도 '혁명'이라는 말을 쓸 수 없었다. 그러므로 나폴레옹의 1799년 11월 '쿠데타'는 실제적으로는 '혁명'이었다.

그는 당시 주류를 이루고 있던 공화주의와 주르당, 몰과 같은 장군들, 그리고 500인회와 조화를 이루어야 했다. 왜냐하면 일단 군주정을 폐지한 혁명을 문제 삼는 어떤 혁명도 명분이 없었기 때문이었다. 후일 시에예스도 "나는 브뤼메르 18일을 만들었지만 19일은 내가 만든 게 아니었다"라고 말한 것처럼 흔히 '브뤼메르 쿠데타'라고 하는 것은 별개의 두 혁명으로 완성되었다. 사실 첫 번째 브뤼메르 쿠데타 18일은 자코뱅파에 도전한 시에예스를 따르던 브뤼메르파의 승리였고, 두 번째 19일은 '혁명력 제8년 헌법' 공포로 끝나는 나폴레옹의 승리였다.

19일의 승리에서 나폴레옹은 이전의 총재 정부와 전혀 다른 형태의 정부를 만들어 냈다. 그것은 브뤼메르파의 의도와 달리 나폴레옹의 의지력, 인내심, 놀라운 수완과 함께 여론이 뒷받침되어 만들어진 승리였다. 그러나 나폴레옹은 500인회를 설득하지 못했다. 1799년 11월 10일 오후 4시 생 클루 성의 오랑주리 관으로 모여든 500인회의 의원들은 그에게 '압제자 물러가라, 독재자 물러가라, 법을 어겼다'라고 소리를 지르며 공격했다. 심지어 어떤 의원들은 그를 주먹질로 위협하고, 칼로 찌르려 했다.[13]

바로 그때 뤼시앵이 500인회를 상징하는 기장을 들고 말에 올라타 의장으로서 대중들에게 호소했다. 그는 공포 정치파와 그 앞잡이들을 고발하며 군대에 힘을 실어 줄 것을 당부했다. 아침부터 명령만을 기다리던 병사들이 500인회 회의장 입구로 달려오자 빨간 제복의 의원들은 혼비백산해 어둠을 타고 창문을 넘어 예복과 모자가 벗어지는 것도 모르고 수풀 속으로 달아났다.

다음 날 새벽, 헌법 지지 의원들로 선출된 양원의 소위원회가 헌법 개정안을 미루고, 나폴레옹, 시에예스, 로제 뒤코스로 구성된 임시정부를 선포했다. 나폴레옹은 평화, 시에예스는 법에 대한 존중, 연금 생활자들을 보장했다. 총재 정부가 막을 내리고 통령 정부가 시작된 것이다. 마치 영국의 명예혁명처럼 한 방울의 피도 흘리지 않았고 전국의 환호성 가운데 자코뱅의 오랜 통치에 종지부를 찍었다. 나폴레옹의 승리는 헌법 초안에 대한 마지막 토의에 있었다. 3인의 통령들은 이제 10년 동안 재직하며 재선도 가능했다. 그러나 제2·제3통령은 자문역에 머물렀고, 봉급이 제1통령의 3분의 1에 불과한 15만 프랑이었다. 나폴레옹이 선택된 것은 당시 프랑스 사람들이 외적을 퇴치하고, 국내의 질서와 안정을 회복할 수 있고, 동시에 '혁명을 유지할 수 있는 사람'으로 그를 믿었기 때문이다.[14)]

한 달 후, 새 헌법은 로마 공화정의 덕성을 모델로 해 최고 행정관을 '통령'으로 하고, 법안을 토의하는 호민원과 헌법을 보호하는 원로원으로 정부 조직을 구성했다. 나폴레옹은 자코뱅을 혁파했지만, 여전히 자코뱅의 정치 모델이었던 로마 공화정을 여전히 정치 이념의 근간으로 채택했던 것이다.

나폴레옹은 알렉산더 대왕의 원정이 오리엔트와 인도에 이르는 자신의 방대한 원정의 꿈을 심어 주었으며, 카이사르처럼 왕이 되려한 적이 없고 다만 '사공 없는 프랑스'를 구하고자 했다고 뢰데레에게 밝혔다. 그의 눈에는 세계 정복의 전승 기념비로 찬연히 빛나고 있을 뿐만 아니라 유럽 절반을 그들의 도로와 목욕탕, 대리석, 원형 투기장과 거대한 수로관으로 뒤덮었던 로마의 영광이 끊임없이 떠올랐다. 그는 과거 로마가 이룩했던 것을 파리에서도 실현하고자 했다. 그는 입법과 통치만이 아니라 후대에 조국의 영광을 전수하는 것이 정치가의 본분이라고 생각했다. 그는 총재 정부의 계획처럼 파리를 유럽의 예술과 학문의 중심지로 만들고자 했는데, 이탈리아와 이집트 원정에서 얻은 문화유산으로 그의 계획을 더욱 풍요롭게 했다.

나폴레옹은 크롬웰처럼 관용의 원칙에서 부하들을 선발했다. 그는 자코뱅파, 지롱드파, 왕당파가 모두 법과 임용 과정에 의해 평등하게 선발되도록 했다. 망명 귀족에 대한 법을 완화하고 가톨릭교회에 대한 박해를 금지시켰다. 그는 리슐리외(Richelieu) 이래 프랑스가 추진한 중앙 집권화를 추진하고, 농민들이 수렵법, 법정 출두, 가혹한 세금으로 시달리지 않게 했다. 따라서 농민들 모두가 그를 보호자로 인정했고, 국민들은 그의 시대만은 구체제가 절대로 부활하지 않을 것으로 믿게 되었다. 그의 정치에는 많은 민주적인 요소들이 보였다. 그러나 자코뱅 시대처럼 여전히 위험을 무릅쓰고 숨어서 예배를 보는 비선서파 성직자와 교회에서 영광을 누리는 선서파 성직자로 분열되어 있었다. 그는 이집트에서는 회교도를 찬양했지만 프랑스에서는 국민의 이익을 위해 가톨릭을 선택했다. 그는 교육에서도 예수회의 교육 방법을 선호했다. 그는 종교적 적대감보다는 그것의 필요성을 알고 있었다. 그는 종교가 사회질서의 신비이고, 수많은 형태의 협잡에 대한 '종두(種痘)'와 같은 것이며, 피할 방법이 없는 운명에 사로잡혀 있는 현세에서 버림받는 것을 막아 주는 황금빛 희망이라는 것을 알고 있었다. 1800년 1월 그는 포고령을 통해 파리의 정치 잡지 73종 중 60종에 발매 금지 처분을 내렸다. 그는 언론의 굴레에서 벗어나고자 값싸고 저질스런 잡지는 모두 정리하고자 했다.

마렝고 승전 이후 6개월이 채 지나지 않아 그는 두 번이나 암살을 모면했다. 1800년 10월 10일 그가 비극 <호라티우스>와 발레 <피그말리온>을 관람하고 있을 때, 경찰이 비수를 소지한 테러범들을 검거했다. 그들은 공연장에 화약을 터트리고 소란한 틈을 타 나폴레옹을 살해하려 했다. 12월 24일은 그가 조세핀과 하이든의 오라토리오 <천지창조>를 관람하려고 튈르리 궁에서 오페라 극장으로 가는 도중, 생 니케즈 가에 서 있던 수레에서 폭발물이 터졌다. 마부 세자르가 말을 세차게 몰지 않았으면 모두 목숨을 잃을 뻔했다. 범인들은 올빼미당원(왕당파)인 리몰레앙 기사와 생레장, 카르봉이었다. 테러 사건으로 바뵈프파, 로베스피에르파, 자코뱅파 등 130명 정도가 검거되었고, 나폴레옹이 황제가 되는 길을 재촉하게 되었다.

나폴레옹은 권력을 쥐자 위원회를 조직해 법제정을 하게 했다. 그는 102번의 회의에서 57회나 참석했다. 국가참사원은 1801~1803년에 36개의 법률을 만들었다. 법률은 모두 2,281개 조항으로 편성되었는데, 1804년 '프랑스 민사법'이 되면서 나폴레옹은 통치 체제를 확립했다. 이 법은 법 앞에 평등, 양심의 자유, 노동의 자유, 국가의 비종교화 등 '혁명적'이었다. 이어 그는 1806년 민사소송법, 1807년 상법, 1808년 형사소송법, 1810년 형법, 1814년 지방법을 선포했는데, 그것은 오늘날 '나폴레옹 법전'으로 명명되고 있다.

1802년 2월 25일 나폴레옹은 대대적인 지지를 받으며 이탈리아 공화국 대통령에 당선되었다. 그의 인기가 상승하는 것을 기회로 측근들과 브뤼메르 쿠데타 공모자들은 그를 황제의 자리에 앉히고자 했다. 그것은 그에 대한 헌신이라기보다는 자신들이 도태되지 않으려는 계산 때문이었다. 그해 말까지 프랑스는, 사막에서 오아시스를 만나듯, 희망과 평화의 시대를 맞이했다. 오스트리아의 패배와 뤼네빌 조약 체결로 벨기에와 룩셈부르크, 그리고 라인 강 좌안을 포기하고 바타비아, 헬베티아, 치살피나, 라구리아 같은 공화국에서 프랑스의 보호 통치를 인정했다.

나폴레옹은 그해 8월 교황과 '정교화약(concordat)'을 체결함과 동시에 가톨릭을 주요 종교로 선언하고 프랑스에서 로마 가톨릭교회를 부활시켰다. 그는 로마와 아우구스투스를 항상 정치의 모델로 생각했다. 로마가 유대인의 종교에 경의를 표하기 위해 예루살렘 신전에서 특별한 성찬을 베풀어 준 것과 같이 나폴레옹은 이집트에서 코란을 믿는다고 고백했고, 프랑스에서는 로마 가톨릭교회를 국민의 종교로 확립시켰다. 그리고 유트레히트에서 개최된 네덜란드 성직자 총회에서 그는 프로테스탄트 교단에 가입하려 했다. 그것은 3~4천만의 사람들을 얻으려는 것이었다. 그는 정치와 사회 질서에 위반되지 않는 한 종교에 대해 관용했다. 그는 유대교도, 프로테스탄트, 가톨릭교도를 똑같이 제국의 시민으로 간주했다. 그는 로마의 폰티우스 필라트(Pontius Pilate)와 같이 종교에 관용을 베풀었다. 그는 프랑스에 가톨릭교회를 재건하고, 교회의 예배권을 보장해 주었으며 가톨릭을 국민의 종교로 인정함으로써 교회의 분열을 해결하는 데 기여했다.

한편 원로원은 나폴레옹이 '통령직 10년 연장'을 사양하자 '종신 통령'으로 할 것인지를 국민투표에 부치기로 했다. "보나파르트가 종신직 제1통령에 임명되어야 하는가?" 불레, 베를리에, 티보도 등 자유주의자들이 공화국의 변질을 염려하자 나폴레옹은 "나는 혁명 동지들에게 최상의 보증인이다"라고 해 서로의 신임을 확인했다.[15] 국민투표는 357만 7,259명의 투표자 가운데 찬성 350만 8,885 대 반대 8,374로 1802년 8월 2일 종신 통령이 되었다. 게다가 레종 도뇌르(Legion d'Honneur)의 작위까지 수여하자 튈르리와 말매종은 통령궁이 되었고 궁정 예법이 도입되었다. 동전의 양면에 '나폴레옹 보나파르트 제1통령'과 '프랑스 공화국'이 새겨졌다. 그는 국민들이 자기에게 황제의 관을 씌워 주기 바랐다.

그가 황제가 되는 것은 어려운 문제가 아니었다. 국민공회에서 루이 16세를 처형한 것처럼 나폴레옹은 당기엥 공작을 처형했기 때문에 국민들은 그가 이제 더 이상 부르봉 사람들이나 귀족들과 손을 잡을까 두려워할 필요가 없어졌다. 법제심의위원회에서 퀴레가 그를 세습 황제로 세울 것을 발의했을 때, 카르노만 제외하고 모두 찬성했다. 원로원에서도 만장일치로 결의했다.

1804년 4월 23일 완전히 나폴레옹 편이 된 호민관은 세습제에 찬성투표를 했다. 5월 4일 원로원은 공화국 정부를 나폴레옹 보나파르트, 세습 황제에게 맡기는 것이 프랑스 국민에게 가장 큰 이익이 될 것이라고 결의했다. 이어서 5월 18일 "국민은 권력을 되찾도록 억지로 강요받아서는 안 되며, 능욕당한 국왕에 대해 보복하도록 강요받아서도 안 된다"라는 말을 덧붙였다. 그리고 국민투표를 거친 후 "공화국 정부를 세습 황제에게 위임한다"라는 것을 공포했다. 찬성 357만 2,329대 반대 2,579표로 종신 통령이 될 때보다 찬성률이 높았다.[16]

나폴레옹에게 왜 '황제'의 칭호를 사용하게 했을까? '왕'의 칭호는 지난날 좋지 않은 왕조의 이미지를 주지만 '황제'라는 칭호는 영광과 위대함의 상징인 로마제국을 연상시키며, 왕보다는 군사적인 느낌을 더 주기 때문에 국민들의 자존심을 만족시켜 줄 수 있다는 데서 착안되었다. 그리고 '황제'는 공화국과 양립할 수 있지만 '왕'은 그렇게 할 수 없다는 것이었다.

나폴레옹은 루이 14세의 계승자가 되고 싶었다. 교황의 축성을 받아야 프랑스의 네 번째 왕조로 인정되는 것이었다. 그는 샤를마뉴 대제처럼 로마에서의 대관식을 거부하고 교황을 파리로 오게 했다. 교황 비오 7세는 주저하다가 프랑스 가톨력 재건을 위해 거절하지 못했다.

11월 28일 나폴레옹은 사냥복 차림으로 퐁텐블로 숲으로 말을 타고 달려갔다. 그는 로마식 예절에 따라 교황 앞에서 굽실거리고 싶지 않았던 것이다. 그는 교황의 행렬을 가로막은 후 무례하게 교황의 마차에 올라 그의 옆에 앉아 파리까지 동행했다. 대관식장에서도 그는 교황이 먼저 가서 식장에 대기하게 했다. 게다가 교황이 머리에 왕관을 씌우려는 순간 재빨리 관을 받아 대단히 장엄한 몸짓으로 왕관을 이마 높이까지 들었다가 자신이 머리에 썼다. 그는 황제비의 왕관도 직접 씌워 줬다. 대관식이 끝난 다음 황제의 행렬은 교황보다 몇 분 일찍 튈르리 궁에 도착했다.

유럽의 최고 통치자들이 앞을 다투어 나폴레옹에게 서한을 보내며 그를 '황족 형제'로서 예우하고 자기들의 세계로 받아들였다. 오스트리아 프란츠 2세도 대관식 이전에 "나의 형제여, 폐하와 그 가문이 프랑스 세습 황제의 관을 쓰게 되어 저 역시 기쁩니다. 성심을 다해 축하를 드립니다"라는 축하의 글을 보냈다. 대관식의 형식이 어떻든 그가 프랑스 네 번째 왕조를 창건했다는 것을 국내외에 확실하게 선포했다.

황제의 지위는 나폴레옹의 친자나 양자에게 상속되며, 장자상속권에 따라 남성에게만 상속되는 것으로 했다. 그는 언제나 주권자인 국민의 심판을 받는다는 조건 아래 황제 상속권을 받아들였다. 그는 프랑스의 영광, 포용, 능률을 강조했다. 그는 36킬로그램이나 되는 예복을 입고 대관식을 한 황제답게 보통 16시간을 일했다. 샵탈(Chaptal)에 의하면, 그는 8~10시간 참사회를 개최하는 경우가 많았다. 그는 어느 때나 어디에서든지 방심한 상태나 해이해진 모습을 보이지 않았고 항상 침착했다. 그는 식탁에서도 15분 이상 소비하지 않았다.

그는 라틴어도 그리스어도 몰랐으며, 프랑스어도 부정확한 데가 많아 세숑(session)을 섹숑(section)으로, 퀼미낭(culminant)을 퓔미낭(fulminant)으로, 비아제르(viagères)를 부아야제르(voyagères)로 발음했다. 그러나 그는 대내적으로 방데의 반란 평정, 교회 문제의 해결, 나폴레옹 법전의 편찬 등의 업적을 이루었으며, 대외적으로 복잡한 외교와 빛나는 원정, 식민지 건설, 프랑스 세력의 확대로 '프랑스의 영광'을 이룩했다. 침략 전쟁은 그의 발상이 아니라 혁명정부의 유산이었다. 이미 자코뱅의 위정자들은 벨기에와 사부아를 프랑스의 일부로 간주했고, 네덜란드와 스위스를 천연의 종속국으로, 이탈리아를 혁명의 무대로 그리고 그 무대를 영국과 러시아로 확대할 생각이었다. 그러므로 나폴레옹은 유럽의 새로운 침략자가 아니고, 유럽과 전 세계에 프랑스 혁명 공화국 건설의 계승자로서 사명을 수행했던 것이다. 따라서 1810년경 유럽은 계몽주의 시대보다도 더욱 프랑스적이었다.

나폴레옹의 세 번째 집권은 엘바 섬을 탈출해 백일천하를 이룬 것이었다. 대불 동맹국에 패배한 그는 폐위되어 엘바 섬의 영주로 임명되었다. 엘바 섬은 총면적 231제곱킬로미터, 둘레 80킬로미터에 12만 명이 거주하는 작은 섬이었다. 그는 퐁텐블로에서부터 동행한 1,200명의 정예병들을 거느리고 '산 마르티노 궁'에서 황제처럼 살고자 했다. 그에게는 꿀벌 3마리가 장식된 오렌지색 테두리가 있는 흰색의 깃발도 있었다. 그에게 200만 프랑의 연금이 배정되었으나 루이 18세는 지급할 생각을 하지 않았다. 그는 정말 새장에 갇힌 새처럼 참담한 생활을 했다. 무리한 전쟁으로 몸은 망가졌고 마음은 참담했으며, 특히 그곳 생활 11개월 내내 치질과 말단 비대증에 시달렸다. 그는 '와신상담'하는 마음으로 희망을 잃지 않기 위해 궁의 벽 여기저기에 "나폴레옹은 어디에서나 행복하다"라고 써넣었다. 그는 섬 안의 거주지를 네 군데나 두고 그곳을 개조하는 데 여념이 없는 것처럼 가장하거나 때로는 무기력하게 방에 처박혀 며칠을 두문불출하기도 했다. 영국의 감시단장 캠벨 대령은 그가 탈출하지 못할 것이라고 생각했다.

그러나 나폴레옹은 루이 18세가 왕당파와 보나파르트파 사이에서 시달릴 것을 예측하고, 권력층 인사들의 실책을 포착하면서 앞날을 기다리고 있었다. 그는 1815년 2월 23일 캠벨 대령이 리부른으로 떠나는 것을 계기로 갑자기 작은 범선에 영국 함선의 색깔을 칠하도록 명령 했다. 그리고 배에 120명이 3개월 동안 사용할 물품을 실었다. 또한 여러 척의 범선을 빌리고, 2월 26일 앵콩스탕 호에 올라 돛을 올렸다. 항해 도중 영국의 전함들을 만났으나 아무런 제지 없이 3월 1일 무사히 쥐앙 만에 도착했다. 파리에서 잡지 「르 냉 존(Le Nain jaune)」이 넌지시 그의 상륙을 알렸다고 하나 영국의 반응은 없었다.

나폴레옹은 프로방스 지역과 론 강 하류 계곡을 피해 알프스산맥, 그라스, 다뉴와 갑을 지나는 길을 택해 3월 7일 그르노블에 이르렀다. 그는 이곳의 라프레 마을을 지나다 프랑스 제5대대 병사들과 조우했다. 대장의 명령에 따라 총이 발사되려는 순간, 나폴레옹은 "제5대대 병사들이여! 나는 여러분의 황제다. 나를 잘 보아라" 그리고 한 발 더 나아가 "여러분 가운데 당신들의 황제를 죽이고자 하는 사람이 있다면, 자 내가 바로 여기에 있다!"라고 했다. 순간 일제히 '황제 만세'를 외치며 제5대대 병사들이 달려가 그를 둘러싸고 만져 보며 말을 걸고 손에 입을 맞추었다. 이어서 라베도이에르가 이끈 제7대대가 도착했으나 이들 역시 그와 합류했다. 그는 3월 8일 승전고를 울리며 그르노블에 입성해 지도층의 영접을 받고 6개 연대를 열병했다. 3월 10일 리옹에서는 '나폴레옹 만세보다는 사제들을 처단하라. 왕당파를 죽여라. 귀족들을 매달아라. 부르봉을 교수대에 보내라'라는 외침이 더욱 드높았다. 소식을 들은 각 지방에서 찬반이 다소 엇갈렸으나 나폴레옹을 환영하는 목소리가 높았다. 파리에 도착하자 튈르리 궁 앞에 군중들이 몰려갔다. 대대적인 갈채와 환영의 인파 속에서 동료들이 눈 깜짝한 사이에 그를 차 밖으로 모셔 기마전을 하는 것처럼 어깨에 태워 궁전으로 들어갔다. 이날이 바로 그가 권력을 잡은 행복한 최후의 날이었다. 이때까지만 해도 나폴레옹이 '백일천하'로 끝날 것이라는 것은 아무도 알지 못한 일이었다.

통치 스타일 – 공화정인가, 독재정인가?

 통령에서 황제로 그리고 황제 세습에 이르기까지 나폴레옹은 그가 전쟁에서 승리한 것만큼이나 정치적으로도 성공해 프랑스의 역사를 바꾸어 놓았다. 그의 시대는 통령 정부 시대와 황제 시대로 나뉜다.

 통령 정부 시대에서 나폴레옹은 시에예스와 의견 일치가 되지 않자 탈레랑, 뢰데레, 불레 드 라 뫼르트, 도누와 함께 '혁명력 8년 헌법'을 작성했다. 행정권은 3명의 통령에게 주어졌으나 제1통령이 최고권을 가지고 있었고, 다른 두 사람은 권한 위임자로 되었다. 공화정의 원리를 유지하기 위해 입법권을 법제 심의원, 입법원, 국가참사원, 보수 원로원에 분담했다. 국가참사원이 법안을 작성하고, 법제 심의원의 검토와 결의로 법안이 공포된다. 형식상으로 보면 통령 정부는 의회 정치였다.

각 구역별로 선거인의 10분의 1에 해당하는 '구 명사단'을 선출하고, 이들의 10분의 1에 해당하는 약 6만 명의 '지역 명사단'을 선출한다. 그리고 이들 중에서 6천 명의 '국가 명사단'을 선출한다. 이들 가운데서 원로원은 입법원을 구성하는 300명의 대표 위원을 임명한다.

원로원은 행정권자가 임명하며 종신 임기이고 공석이 생기면, 회원끼리 자체 선거로 충원한다. 국가참사원단은 일종의 공무원이며 원로원과 같은 2만 5천 프랑의 연봉을 받는 것으로 되어 절차가 합리적으로 된 것 같았다.

그러나 1799년 12월 12일 나폴레옹은 3명의 통령에 대한 투표가 끝나자 투표함에 다가가 그것을 비우고서는 개표 대신 시에예스에게 공화국 최고 행정관 3명을 지명할 권한을 주자고 했다. 그리고 그가 지명한 3명은 지금 진행한 절차에 따라 임명된 것으로 하자고 했으나, 어느 누구도 그의 제안에 이의를 달지 못했다. 시에예스는 나폴레옹을 제1통령, 캉바세레스를 제2통령, 르브랭을 제3통령으로 지명했다. 그것은 예정된 것이었으나 당시 신문들은 투표가 환호 속에서 만장일치로 이루어졌다고 무책임하게 보도했다.

나폴레옹은 이탈리아 원정에서 위성 공화국을 두 개나 만들었다. 모테나 공작의 소국들과 교황에게서 빼앗은 영지를 합해서 치스파다나 공화국을, 롬바르디아 지방에 트란스파다나 공화국을 세웠다. 그는 전쟁과 혁명의 소용돌이 속에서 군대와 가톨릭의 신뢰와 지지가 필수적이라고 생각했기 때문에, "교황을 전복하라"라는 총재 정부의 명령을 따르지 않았다. 그는 공화정과 가톨릭을 저버리면, 프랑스의 평화는 보장될 수 없다는 신념을 가지고 있었다.

상원(sènatus-consulte)도 그에게 프랑스 공화국 정부를 위임했지만, 그는 새로운 귀족과 원수정을 만들었다. 따라서 그의 임무는 제국의 헌법을 존중하고 공화국의 영토를 훼손되지 않게 지키는 것이라는 것을 잘 알고 있었다.[17] 그는 황제로서 제국의 권위를 겉치레로만 꾸미고 싶지 않아, 매사를 신중하고 면밀하게 검토하고 준비했다. 세인트헬레나에서 남긴 비망록과 같이 그는 프랑스와 유럽을 화해시키고, 낡은 프랑스와 새 프랑스를 화해시키며, 숭고함과 공익성의 가치를 결합시키고 봉건적인 개념은 어떤 것이든지 분리시켜 유럽에서 봉건주의의 잔재를 일소하려했으나 그가 생각한 공화정을 10년 뒤에도 이루지 못하고 타계했다.[18]

황제가 된 후 나폴레옹은 대선거관, 총리, 재무장관 등 6개 부처 장관과 조신, 원수들을 내각에 임명했다. 1806년에는 군인과 일반인에게도 이탈리아 지역 세습 봉토를 나누어 주는 등 1807년 말 스페인과 전쟁이 불거지고, 로마 교황과의 사이가 틀어지기 전까지는 훌륭하게 통치했다. 그는 자신의 정책을 비판하는 자코뱅 출신들에게, 이제 과거와 같은 출신주의 인사에서 탈피해 공적에 따라 작위를 수여함으로써 평등의 원칙을 손상시키지 않을 것이라고 했다. 그는 하사관 출신 르페브르를 프로이센으로부터 합병한 단치히의 공작에 책봉함으로써 평등 인사의 본보기를 보였다. 그리고 마리 루이즈와 결혼한 후에는 옛 귀족들에게도 작위를 주고 궁중에 초대해 신구 프랑스가 화해하는 모습을 보여 주었다.

또한 그는 1808년에는 공국의 군주인 대공·공작·백작·남작·기사로 서열 구조를 완성했다. 다만 후작만은 앙시엥 레짐의 냄새가 난다고 해 채택하지 않았다. 그리고 장군들의 탐욕으로 군인들의 고귀한 명예가 손상되지 않도록, 충분한 보상을 하도록 했다. 그는 자신의 영광과 이름 내기보다 대의를 생각하고, 항상 프랑스의 영광을 염두에 두고 있었다. 아우스터리츠 전투의 승리를 기념하기 위해 튈르리 궁전 정원 앞에 작은 카루젤 개선문(Arc de Triomphe du Carousel)이 건립될 때, 건축가는 그의 동상도 함께 세웠다. 그러자 그는 건축물이 자신이 아닌 프랑스군 전체를 상징하는 것이어야 한다며 동상을 즉시 철거하게 했다. 또한 그는 콩코르드 광장을 '나폴레옹 광장(Place Napoléon)'으로 고치려고 할 때에도, 프랑스의 강력한 힘은 콩코르드에서 온다며 개명을 반대했다. 그는 히틀러, 무솔리니 등의 독재 정치나 김일성과 같은 우상주의 정책을 취하지 않았다. 그는 황제가 된 후에도 오직 조국 프랑스에 대한 애국심에 불타 있었으며, 만나스(Jerry Manas)의 말과 같이, 그는 사실 자신의 황제 등극을 프랑스 안보 강화의 계기로 삼으려 했다.

황제로서 그는 공과 사를 엄격히 구분했고, 사생활은 지극히 검소하고 근면했다. 그는 루이 16세 시절 근위대처럼 개인 호위대를 만들자는 제안을 거부했다. 부르봉 왕가에서 행한 거창한 공식 접견 행사 따위에는 별로 관심이 없었다. 자신이 거처하는 튈르리 궁의 내부 경호는 최소한의 인원으로 축소해 순찰을 담당하는 군인 몇 명과 시종, 콩스탕, 그리고 마무르크 루스탕이 침실 문밖에서 잠을 자게 했다.

그는 루이 14세처럼 근면하고 성실했다. 32권의 서한집이 그의 근면함을 나타내는 징표이다. 15년 통치 기간 약 8만장의 편지와 명령서를, 즉 하루 평균 15건 정도의 서류나 편지를 비서에게 받아쓰게 했다. 어떤 때는 새벽 2시에 일어나 일을 했으며, "프랑스 국민들이 우리에게 준 돈을 갚아야지요"라며 각료들을 독려했다. 트레몽에 의하면, 그는 7시간 동안 쉬지 않고 계속된 회의에 참석한 적이 있다. 그는 보통 아침 7시에 일어나 서신 검열소에서 가로챈 편지와 개인 정보원들이 보내온 것들을 포함해 각종 보고서를 읽은 후 9시까지 여러 편지를 받아쓰게 했으며, 그런 다음 주치의 코르비사르와 각료들을 접견했다. 그는 보통 밤 10시에 잠자리에 들지만 때때로 밤에도 계속 일을 했다. 종종 저녁에 궁정 대원수 뒤로크 장군을 대동하고 평복 차림으로 파리 시내를 거닐기도 했다.

그는 원정 중에는 아침은 9~10시, 저녁은 8~9시에 매우 소량의 식사를 했다. 그는 근위병의 녹색 군복이나 코트를 입고, 장식 끈 없이 작은 견장만 달았다. 독수리 훈장 하나와 레종 도뇌르 기사 훈장을 달고 흰색 캐시미어 조끼에 짧은 바지, 그리고 승마용 장화가 전부였다. 그는 병사들에게 말을 건네고, 농담도 잘해, 병사들은 그를 '프티카포랄(꼬마 하사), 르통뒤(빡빡머리), 페르 라 비올레트(제비꽃아비), 장 드 레페(무사 아무개)'라고 불렀으며, 소박하고 격의 없는 황제의 모습에 병사들은 모든 고통을 감수할 수 있었다.

뒤라는 나폴레옹의 의상이 너무 유행에 뒤졌고, 별로 멋지지 않다고 지적했고, 그의 재단사도 그가 옷차림에 너무 돈을 쓰지 않는다고 항상 불평했다. 그는 평범한 샹테르탱 산 포도주를 마시고 식사 시간을 15분 정도밖에 쓰지 않았다. 한번은 오제르 장군이 값비싼 포도주를 권하자 그는 무뚝뚝하게 '나는 이미 더 좋은 것을 마시고 있어'라고 했다. 튈르리 궁의 진풍경은 가끔 지도 전문가인 바클레르 달브 방위 사령관이 작전을 구상하기 위해 거대한 지도 위를 엉금엉금 기어 다니다가 나폴레옹과 머리를 부딪치고 날카로운 비명을 지르는 모습이었다. 이런 모습은 브리엔, 메네발 등 몇 명의 비서관들만이 볼 수 있었던 것이다.

나폴레옹은 업무량이 폭주할 때 잠을 안자고 견딜 수 있는 능력이 있었다. 그는 부족한 잠을 행군 도중 마상에서 보충했다. 황제가 된 후에도 툴롱에서 걸린 피부병으로 고생을 많이 했다. 그리고 소찬으로 검소하게 소량의 식사를 하는데도 체중은 많이 불고 졸 때가 많았다. 그는 격렬한 승마로 피로해 쓰러지기도 한 것을 보면, 그의 추진력과 힘은 체력에서 나온 것이 아니라 신경을 고도로 통제할 수 있는 정신력과 의지에서 나온 것이다. 따라서 그에게 이른 노화 현상이 나타났고, 1805년에는 간질과 비슷한 증상마저 보였다. 1812년 보로디노 전투 후 그는 심한 감기와 방광염으로 시달렸으며, 티보 장군에 의하면 워털루 전투 때도 그의 깨끗했던 피부는 이미 엷은 납빛을 띠고 있었다고 한다.

그는 보좌관, 비서, 시종 등으로부터 친절하고 사려 깊은 황제로 인정되어 놀라울 정도로 높은 점수를 얻고 있었다. 격노한 뒤에도 즉시 화를 풀었고 개개인에게 그만큼의 보상을 해 주었다. 그는 아랫사람들이 자신과 동류라고 느낄 정도로 친근하게 대함으로써 자신에게 더욱 헌신하게 만드는 재주를 가지고 있었다. 전투할 때에도 나폴레옹은 영광, 모험심, 그리고 우애라는 감정을 군의 결속과 화합에 잘 이용했다. 나르본 백작은 그의 군인 정신을 '평민적 기사도 정신'이라고 표현했다.

손실이 컸던 1809년 오스트리아 에슬링 전투에서 근위대는 황제가 노출되지 않는 위치로 물러서지 않으면 전투를 하지 않겠다고 한 미담이 전해지고 있다. 그리고 모스크바에서 완전 패배하고 비참하게 철수할 때에도 폭동은커녕 불평의 기미조차 없었다. 1815년 엘바 섬에서 탈출했을 때도 그를 저지하기 위해 파견된 부대 앞에 "원한다면 너희들의 황제를 죽여라"라고 외치자 병사들이 발포 명령을 무시하고 그의 주위에 몰려들었던 사실을 이미 보았다. 병사들은 그를 결코 멀리 하지 않았다. 조르주 르페브르의 말과 같이 그는 군대에 필요한 것을 즉석에서 해결해 주었다.19) 에슬링 전투에서 '란' 원수가 전사하자 그는 저녁 식사도 하지 못하고 접시에 눈물을 뚝뚝 흘리면서 앉아 있었다. 그리고 1813년 뤼첸 전투에서 '베시에르'가, 바우첸 전투에서 '뒤로크'가 죽었을 때 슬픔에 잠긴 그의 모습은 진정 부하를 사랑하는 모습이었다.

병사들도 나폴레옹을 존경하고 신뢰하며 잘 따랐으나, 그는 신의 가호가 없이는 어떠한 군주도 오래갈 수 없다는 생각에서 대관식을 서둘렀고, '신의 가호로 선택된 프랑스 국민의 황제'라는 명제를 완성시켰다. 그는 새로운 교리문답에 대한 칙령을 만들었고 그 시행에 대해 주교들과 교황청의 동의를 얻어 냈다. 이 교리문답에는 모(Meaux) 교구의 주교인 보쉬에의 사상이 첨가되어 있어 오늘날 '보쉬에 교리문답'이라고 한다.

나폴레옹은 왜 보쉬에를 선택을 했을까? 그는 보쉬에의 『세계사 강론』에서 제국들의 흥망성쇠, 알렉산더 대왕의 정복, 카이사르의 승리에 대해 읽는 도중, 시간의 베일이 찢어져 내리면서 신이 걸어가는 모습들을 보았다. 그리고 이탈리아 원정 때도, 이집트와 시리아 원정 때도, 독일 원정 때도, 그의 생애의 역사적인 날들에 항상 신이 나타났다는 것을 알게 되었다. 그는 왕자로 태어나지는 않았지만 하느님이 그를 황제로 만들었다는 것을 실감했다. 그는 1806년의 '교리문답'에서 자신을 하느님으로부터 통치 권한을 부여받은 사람으로 인정하게 했다. "통치하는 왕들에 대해 기독교인으로서 해야 할 의무는 무엇인가? 특히 우리 황제 나폴레옹 1세에 대한 우리의 의무는 무엇인가?" 그에 대한 대답으로 "기독교인은 제정 정부와 황제의 통치권을 유지하고 보호하기 위해서 통치자, 특히 우리의 황제 나폴레옹 1세에 대해서 애정과 경의, 복종과 충성, 병역과 조세의 의무를 진다. 황제에게 봉사하고 황제를 명예롭게 하는 것은 곧 하느님에게 복종하고 하느님을 명예롭게 하는 일이다"라고 했다. "반대로 황제에 대한 의무를 저버리는 사람들은 어떻게 생각해야 하는가?"에 대해서는 "바오로 성인에 의하면, 그들은 하느님의 뜻을 어긴 것과 같으므로 지옥에 떨어져 영원히 벌을 받아 마땅하다"라고 대답했다.

나폴레옹은 종교 문제에서 관용을 베풀었다. 그가 교황과 정교화약을 했지만 프랑스를 가톨릭 유일 국가로 만든 것이 아니고, 개신교와 공존하는 형태로 만들었다. 그는 루이 14세가 한 것과 같이 얀센파나 개신교도를 핍박할 정책을 펼칠 생각이 전혀 없었다. 물론 그는 경신박애교와 같은 사이비 종파는 경계했지만 국민이 신앙과 종교 예식을 선택할 수 있는 자유를 보장했다. 그는 '교회 안의 국가가 아니라 국가 안의 교회'를 원했다. 그는 교황과 주교들을 자기 휘하의 '도덕적 지사'처럼 통제하고자 했다. 교황이 모든 불이익을 감수하면서 정교화약을 수락한 것은 정교화약이 주교들에 대한 교황의 권리를 인정함으로써 전 세계 주교단에 대한 로마의 권력을 인정하게 하는 데 있었다. 또 카프라라 추기경이 콘살비 추기경에게 말한 것처럼 프랑스에서 나폴레옹 홀로 가톨릭을 방어하고 있다고 믿었기 때문이다.

그러나 나폴레옹은 "교황은 로마의 군주이고 자신은 로마의 황제"라고 하면서 1808년 2월 '대륙 봉쇄'와 이탈리아 통제를 목적으로 로마 점령을 명령했다. 이에 교황 비오 7세는 스스로 퀴리날리스 궁에서 유폐 생활을 하다가 라테 장군에 의해 체포되어 그르노블로 이송되었다. 그것이 나폴레옹의 명령과 관계없었다 하더라도 29명의 추기경 중 13명이 그에게 협조를 거부하고 나섰다. 그는, 1804년 대관식에 교황을 모셔 오기 위해 "20만의 병력을 거느린 존재처럼 교황을 대하라"라고 한 것과는 달리 계속 '황제 다음이 교황'이라는 원칙을 인정하도록 교황에게 압력을 가했다.

1807년 틸지트 조약 후 나폴레옹은 매우 오만해지기 시작했다. 파리 주재 오스트리아 대사였던 메테르니히는 1807년 10월 "최근 그의 스타일이 완전히 변했다"라고 했으며, 해군장관 드레이크도 비통한 나머지 "황제는 미쳤어, 이제 우리 모두를 망쳐 버릴 거야"라고 걱정했다. 항상 사태를 관망하던 탈레랑은 틸지트 조약 이후 외무장관을 사임했다. 나폴레옹은 차츰 조언자가 아니라 시종만을 원했다. 스탕달은 그의 통치 후기에 입각한 장관들에 대해 "유능한 자가 한 명도 없었다"라고 평가했다. 샤토브리앙도 회고록에서 "제국에서 우리는 사라졌다. 모든 것은 보나파르트의 것이었다"라고 개탄했다.

나폴레옹은 '대륙 봉쇄령'으로 영국을 압박했으나, 영국은 이를 조롱했고, 「더 타임즈(The Times)」 등을 비롯한 신문에서 풍자만화들을 쏟아 냈다. 1809년 3월 이후 영국의 수출은 최고조에 달했고, 나폴레옹의 금수 정책은 동요하기 시작했다. 당시 프랑스보다 영국을 승리로 이끌게 하고 있었던 것들 중에는 나폴레옹이 미처 도입하지 못한 풀턴의 증기기관과 같은 동력의 발전이 가장 큰 몫을 했던 것이다.

전쟁에 시달린 프랑스는 제국이 유지된 10년 동안 통령 정부 시대만큼 개혁을 추진하지 못했다. 나폴레옹이 전쟁과 외교 문제에 여념이 없어서라기보다 그의 독재 정치가 별 효과가 없어서였기 때문이다. 1810년까지 신문이 파리에 4개, 각 도에 1개씩 있었는데, 군사 보안을 구실로 모두 통제했다. 그는 자신을 홍보하기 위해 정부 기관지인 「모니퇴르 신문」에 많이 간섭했다. 그러나 1811년 서적 검열 담당관에게 나폴레옹은 "음란물과 공공의 안녕을 어지럽히는 서적을 제외하고는 절대적으로 모든 것이 출판되어야 한다"라고 해 출판물의 통제를 완화했던 것으로 보인다.

나폴레옹 제국은 130개의 도로 구성된 프랑스 본토의 행정 지역에다가 라인 강 연안 지방, 벨기에 지역, 네덜란드 지역, 한자동맹 지역이 추가되었다. 따라서 영국과 러시아를 제외한 유럽 전체가 다 그의 통치권에 속했다. 그러나 그는 기존의 정복지에서는 지역 민심을 얻기 위해 아래로부터 '대중을 일깨운' 개혁 정책을 대대적으로 펼쳤던 것과 달리 프로이센과 오스트리아에서는 국력이 약해지고 민중의 반감이 커질 대로 커진 상태에서 떠난 것이 문제였다.

그리고 나폴레옹이 두고두고 후회했던 것처럼 형 조제프를 나폴리와 스페인 왕, 동생 루이를 네덜란드 왕, 제롬을 베스트팔렌 왕으로 임명했고, 여동생들의 남편들도 점령지의 왕에 임명했던 것이 화근이 되었다. 그들은 능력 부족으로 나폴레옹의 뜻에 미치지 못했으며, 심지어 조제프와 루이는 나폴레옹을 실망시켰고, 뤼시앵과 제롬 보나파르트는 형을 시기해 정적이 되는 배신까지 했다.

나폴레옹은 공화정을 추구하고 프랑스의 영광을 위해 노력했으나 여론 수렴 과정을 거치지 않는 정치를 했고, 장기 집권으로 인한 고립과 독단, '전쟁광'을 방불케 하는 장기간의 원정, 주변국들과의 불화로 국력을 극도로 쇠진하게 만들었고, 그리고 집권층과 친족들의 무능, 안일 무사, 배신이 결국 그를 파멸로 이끌었다.

학문과 기술의 진흥 - 창조자인가, 파괴자인가?

나폴레옹이 비록 전쟁을 좋아했고 전쟁터에 행복을 느꼈을지라도, 학문과 기술 개발, 역사와 문화에 대한 애정을 가진 지성을 갖춘 군인이었다. 그의 문화 업적으로 '나폴레옹 법전' 편찬, 학사원 설립, 그리고 교육 개혁 즉, 제국대학 설립, 사범학교와 특수 전문학교 설립, 바칼로레아의 창설 등 많은 것들이 오늘날까지 전해지고 있다.[20] 나폴레옹은 푸르크루아로 하여금 공교육 계획을 작성하게 했고, 교육개혁위원회의 토론에 계속 참여하는 열성을 보였다.[21]

한편 나폴레옹의 생애에서 그가 가장 큰 자부심을 가지고 있는 것 중 하나는 1797년 12월 25일 정치적 이유로 밀려난 카르노(Carnot) 대신에 국립 학사원(Institut National, 1795)의 기계

분과 위원에 선출되었던 것이다. 그는 어느 날 저녁 식사 중, 라플라스(Laplace)에게 "내가 만약 총사령관이 되지 않았더라면 정밀과학에 몰두했을 것이며, 아마도 뉴턴, 갈릴레이의 길을 뒤따랐을 것이다"라고 했다.

나폴레옹은 원정에서도 바르비에르로 하여금 약 500권 정도의 책을 담은 이동도서관을 끌고 다니게 했다. 그는 역사 이외에 특히 비극 작가인 코르네유와 라신의 작품을 좋아했다. 연극을 보러 극장에 자주 다녔으며, 위대한 비극 배우 탈마와 매우 친했다. 그는 샤토브리앙과 스탈 부인이 주도한 낭만주의 문학이 도래하자, 그 광포한 감정에 혐오감을 느껴 오히려 고전적인 전통을 선호했다. 마크함(Fellex Markham)에 의하면, 비록 그가 예술과 문학을 정치적 선전 매체로 사용하고자 했으나 그것들을 억압한 것이 아니라 지나치게 장려해 숨이 막힐 정도였다는 것이다.

그는 전술의 개발은 물론 학문과 예술, 과학과 기술 진흥에 역점을 두었으며, 그에 기여한 공로자들에게 프랑스 최고의 상인 레종 도뇌르 훈장을 수여했다. 그것은 1802년부터 수여되었고, '명예군단'이라는 뜻이 담겨 있으며, 그의 말과 같이 신분에 의한 차별 없이 모든 인재에게 성공의 길을 열어 주려는 것이었다. 통령 정부와 제정 시대에 무려 4만 8천 명이나 이 훈장을 받았으며 그중에는 일반 시민도 1,400명이나 포함되었다.

프랑스 사람들은 이탈리아와 스페인 이상으로 이집트를 선망하며, 이집트를 계몽주의의 선구자로 생각했다. 프랑스는 축제가 있을 때마다 파리에 피라미드와 오벨리스크를 건설했다. 1793년 8월 10일 축제에도 파라오식으로 머리를 치장하고 자기 젖가슴으로부터 재생의 순수하고도 건강한 체액을 뽑아내고 있는 이지스(Isis) 형상의 청동색 석고 분수를 바스티유 광장에 건립하기까지 했다. 기독교를 배척한 세속적 프랑스는 기독교를 대치할 종교가 필요로 했는데, 나폴레옹이 그것을 채워 주었던 것이다.

나폴레옹은 칭기즈칸보다, 마호메트보다 더욱 넓은 지역을 휩쓸며 전쟁을 했고, 동·서양을 넘나들면서 여러 민족의 역사와 문화를 체험한 세계 최고의 전사이자 통치자였다. 그는 이미 21세에 『예언자의 가면(Masque prophète)』을 쓰는 과정에서 동양에 대한 상식을 얻었다. 그 후 동양 여행의 대가이며, 그에게 이집트 정복을 강력히 추천한 볼네(Volney)로부터 자신감을 얻었다. 1798년 그는 이집트 원정군 사령관이 되자 알렉산더 대왕처럼 점령지의 문화에 대해 존중하도록 했다: "우리가 상대할 사람은 이슬람교도들이다. 이들의 교리를 반박하지 말라. 유대인과 이탈리아인을 대한 것과 똑같이 대하라. 이슬람 율법학자들과 성직자들에게는 랍비나 주교를 대하듯 존경을 표하라."[22]

이집트는 프랑스가 인도로 가는 요로이자 전략적 요충지임으로 이곳을 선점해야 동방으로 가는 영국의 길을 막을 수 있었다. 이집트에는 고대 문명의 신비가 묻혀 있으며, 이슬람의 전통 의상이 프랑스인들의 마음을 매혹시켰다. 이집트의 미라,

하렘 등은 프랑스인의 구미를 당기는 좋은 먹잇감이었다.

학자들은 이집트 원정에 자발적으로 몰려들었다. 총책임자는 학사원 협력 멤버이자 사회주의 사상을 가진 공병대의 뒤팔가(Maximilien de Caffarelli du Falga) 장군이었다. 그가 작성한 리스트에는 167명의 엔지니어, 기술자, 천문학자, 건축가, 화학자, 박물학자, 수질학자, 화가, 음악가, 시인, 출판업자, 의사, 동양학자 등이 포함되어 있었다. 그 많은 사람들 중 이집트학 전공자는 없었다. 역사학자나 골동품상을 선발할 수도 있었지만 나폴레옹은 그들보다 야전에서 작업할 수 있는 학자들을 더 선호했다. 당시 그는 29세였고, 이들의 평균 연령은 25세였다. 원정대에 참여하는 것이 쉬운 일은 아니어서 자코뱅 클럽의 탈리엥도 간신히 합류했고 51세였던 드농(Dominique Vivant Denon)은 그가 자주 드나들었던 살롱에서 만난 조세핀의 도움을 받아 겨우 원정대에 참가할 수 있었다.

나폴레옹은 이집트 원정을 위해 영국에 평화를 제안했다.[23] 그것은 이집트 원정에서 영국의 후방 공격을 염려했기 때문이다. 원정 도중 그는 우선 말타를 점령한 후 노예 제도를 폐지하고 종교의 자유를 회복시켰으며, 교육 제도를 개편했다. 그는 파라오의 나라에서 시행할 것을 예습한 것처럼 느꼈다. 그는 이집트에서 홍보 역할을 할 100명의 회교도들을 데리고 갔다.

알렉산드리아를 점령했을 때 모두 실망했는데, 특히 볼네의 『이집트와 시리아 여행』을 읽어 본 사람은 더욱 그러했다. 학자들은 수많은 위인들이 탄생한 알렉산드리아, 프톨레마이오스 왕조가 인간의 모든 지식을 집결시킨 도서관, 활기찬 산업과 고도로 발달한 상업 도시를 보고 싶었다. 그러나 건축가 노리(Charles Norry)의 말처럼, 그곳에는 오직 폐허, 야만, 굴종, 가난뿐이었다. 헬레니즘 문화의 중심지이자 클레오파트라가 죽기 전까지 프톨레마이오스 왕가의 수도였던 알렉산드리아는 인구도 불과 6천 명밖에 되지 않았고, 좁은 길과 쓰러져 가는 누옥들이 늘어선 먼지투성이의 누추한 마을에 불과했다.

한편 녹색 군복을 입은 프랑스 원정군을 본 그곳 사람들은 마호메트가 그의 자손들에게 정해 주었던 군복의 색과 같은 것에 놀랐다. 나폴레옹의 원정군은 계속되는 행군으로 지칠 대로 지쳤으며, 병사들은 절박감에 사로잡혀 종종 머리에 총을 쏘아 자살했다. 병사들은 학자들이 점령 지역을 샅샅이 탐사하는 모습을 보고 골동품을 찾기 위해 그들이 이집트 원정을 부추겼다는 소문을 퍼트렸다. 원정군의 모든 불행이 학자들의 탓으로 돌려지기도 했다.

1798년 8월 22일 나폴레옹은 이집트에 프랑스의 '국립 학사원'과 같은 '이집트 학사원(Institut Egyptien)'을 창설하고, 다음과 같은 목표를 추진하도록 했다: ① 이집트에서 진보와 지식을 전파, ② 이집트의 자연, 산업, 역사에 대한 탐구, 연구 및 출판, ③ 정부가 활용할 수 있도록 여러 문제들에 대해 자문해 줄 것.

이집트 학사원에는 각각 12명으로 구성된 4개의 분과가 있었는데, 수학, 물리학, 정치와 경제, 문학과 예술 분과가 그것이다. 당초에는 수학 분과만을 생각했으므로 물리학 분과에 2명, 정치와 경제 분과에 6명, 문학과 예술 분과에 4명이나 자리가 비어 있었다. 인원은 총 51명이었으나 모두가 과학예술 위원회에 배속된 것은 아니었다. 3개월마다 바뀌는 회장직은 몽주, 나폴레옹, 베르톨레, 데주네트, 누에, 콩데, 샹피가 차례로 맡았다. 나폴레옹의 명령에 따라 일반 장교도 모든 위원회에 참석했고, 회장이 동의할 경우 외국인들도 참여해 발표할 수가 있었다. 5명으로 구성된 출판위원회가 출판할 만한 논문을 선정했다. 회의는 열흘에 두 번, 즉 공화력 순일의 제1일과 제6일 아침 7시에 회합하도록 규정했다. 그러나 대개 저녁에 회합이 개최되었으며 모두 62번의 회합이 있었다.

나폴레옹은 학사원을 위해 나스리에(Nasrieh) 지역에서 아름다운 정원이 딸린 4개의 궁전을 징발했다. 학사원 설치에 대해 군부 내에서 생각을 달리하는 사람도 있었으나 무리 없이 진행되었다. 학사원의 회합은 아주 소중한 가구들로 채워진 핫산 카세프(Hassan Kachef) 하렘의 살롱에서 개최되었다. 나폴레옹이 지명한 7명의 회원이 나머지 29명의 회원을 선출했다. 거기에는 나폴레옹, 앙드레오시(Andréossy), 카파렐리 등의 군인, 행정부처 일원, 의료진, 그리고 그리스 정교를 신봉하며, 아랍어를 완벽하게 구사하던 시리아 종교인 돈 라파엘(Don Raphaël) 등이 합류했으나 이집트인은 한 명도 없었다.

8월 23일에 열린 첫 회합에서 나폴레옹은 어떻게 하면 빵을 완벽하게 구워 낼 수 있는가? 맥주를 제조하는 데 호프를 대신할 만한 것을 찾을 수 있을까? 나일 강물을 정화시킬 수 있을까? 카이로에 물레방아를 만들어야 할까 아니면 풍차를 만들어야 할까? 이 지역에서 나는 재료들을 가지고 화약을 제조할 수 있을까? 이집트의 사법 제도와 교육을 위해 어떤 개혁이 필요할까? 등 6가지의 실용적 질문을 동료들에게 던졌다. 각 위원회의 회합과 실질적인 성과가 아주 효율적이어서 이 지역의 재료로 화약을 만드는 방법을 찾는 데 불과 5일밖에 소요되지 않았다. 처음 화약은 총을 더럽혀 총알이 수십 미터 이상 나가지 않았다. 그러나 이집트산 부채꽃 목탄을 이용하고 질산칼륨을 사용해 제조한 시험 탄은 프랑스에서 제조된 화약보다 4루아즈, 즉 2미터 더 나가는 성과를 거두었다.

9월 7일에는 빵 굽는 화로를 연구한 위원회가 프랑스에서보다 20퍼센트 정도 저렴한 앗꽃 줄기, 갈대 및 옥수수 짚으로 된 연료를 개발했다. 이외에도 물레방아가 풍차보다 낫다는 등 열띤 토론이 벌어질 때면, 나폴레옹은 몽주에게 "나도 다른 사람들처럼 보고서를 작성해 당신에게 그것을 읽어 주고 싶소"라고 해 주변을 당혹하게 했다.

한편 학사원은 학병으로 입대한 파리 폴리테크니크(이공대학) 학생들을 잘 활용했다. 몽주는 이들에게 지도교수와 심사위원들을 위촉해 군 복무를 하면서 강의를 듣고, 학점을 취득할 수 있게 했다. 그리고 졸업 시험에 성공적으로 통과했을 경우에는 공병, 포병, 토목 중 한 분과에 배속되어 업무 추진을 하도록 했다. 이집트 학사원은 본국의 학사원과 항상 긴밀한 연락을 취하고, 모든 것을 본국의 학사원에 보고했다. 1798년 10월 「이집트 10년(La Décade égyptienne)」을 창간했는데, 탈리엥의 말과 같이 어떤 소식도 정치적 토론도 싣지 않았고, 과학, 예술, 상업, 민법, 형법, 도덕, 종교 제도 등의 분야에 속하는 글만 실었다. 그 결과 아랍어로 번역된 초역과 함께 통계 지표에서부터 시(詩)에 이르기까지 다양한 주제가 보고서 형태로 게재되었다.

나폴레옹 이후 이집트 학사원은 유럽적 성향이 있는 부왕 파샤(Saïd Pacha)에 의해 1859년 알렉산드리아에서 다시 활동을 개시했다. 그리고 1880년 카이로로 이전했다가 1918년 술탄 푸아드(Fouad)가 '이집트 학사원(L'Institut d'Égypte)'이라는 명칭을 부여하면서 오늘까지 보존되고 있다.

나폴레옹은 정복지 사람들을 힘으로 다루지 않았고 문화의 충돌을 최소화했다. 그는 이집트 사람들의 종교와 신앙을 만족시켜 줄 필요성이 있다고 생각했다. 그는 아몬(Ammon) 신전을 방문했던 알렉산더 대왕이 스스로 주피터의 아들임을 선포하고, 12만 명의 마케도니아군을 소집해 손쉽게 그곳을 정복했던 것을 상기했다. 당시 이집트의 가마 엘 아즈바르(Gama-el-Azbar)에는 60명의 박사들이 법률문제와 성서들을 해설하고 있었다. 그는 이들과 타협했는데, 우선 코란에 명시된 금주와 할례를 제외하고 이집트의 프랑스인들은 전반적으로 회교도로 개종될 가능성이 있다고 주장했다. 그리고 프랑스 공화국

군대의 철저한 무신앙은 다행히 가톨릭 관행에 영향을 받지 않기 때문에 귀중한 씨앗이 옥토에 뿌려질 수 있다는 것을 내세웠다. 또한 이집트인들의 신뢰를 얻기 위해 프랑스군을 수용할 수 있는 대사원을 세울 계획을 세웠다.

나폴레옹은 포고문을 통해 "이집트인들이여, 내가 당신들의 종교를 파멸시키려고 왔다고 당신들은 말할 것이다. 그것은 거짓말이니 믿지 말라. 나는 하느님과 그의 예언자 마호메트와 영광스런 코란을 맘루크(나폴레옹이 이집트 원정 시에 프랑스군에 대항한 기병대)들보다 훨씬 더 존중한다. 마호메트의 대리인이 바로 나다"라고 공공연히 말했다. 그는 그들에게 프랑스의 예술과 기술을 보여 주려고, 1798년 9월 22일 국민 축제를 준비했다. 에즈베키에 광장에 세워진 장미가시 모양의 화강암을 본보기로 나무로 제작한 오벨리스크를 세우고 삼색기로 치장한 수백 개의 기둥으로 에워싼 서커스 무대를 설치했다. 개선문은 피라미드 전투를 표시한 리고(Rigo)의 그림으로 장식하고 아랍어로 "하느님은 유일하시며, 마호메트는 그의 예언자이시다"라고 썼다. 150명이 식사하며 우호적인 대화를 했고, 몽주는 "인류 정신의 완성을 위해! 이성의 진보를 위하여!"라고 건배 제의를 하며, 화합을 기원했다.

그는 이집트 명사들을 학사원 회합에 종종 초대해 새로운 것들을 소개했다. 조프루아 생틸레르가 엘 마흐디(El-Mahdi) 족장에게 하느님이 지구 상에 5만 종의 물고기를 창조했다고 하자 소스라치게 놀란 표정이었다. 프랑스인들은 열심히 아랍어를 배웠고, 이집트 사람들은 콩테의 작업실에서 프랑스 기술을 익혀 나갔다. 학사원 부근에는 대장간, 목공소, 무기 제조 공장, 시계 공장, 금은 세공소, 정밀 기계들이 차례로 설치되었고 프랑스 기술이 이집트에 퍼져가기 시작했다. 기구 대장 콩테는 엔지니어, 물리학자, 기술자들의 도움을 받아 풍차, 탈곡기, 천문 관측기구들을 만들어 내는 데 성공했다. 그의 공장에 약 300명이 일하고 있었으며, 이집트 노동자와 견습공들이 다수 있었다. 그는 일부 작업을 이집트인들에게 하청을 주기도 했다. 콩테가 카이로 시내를 지나가면 이집트인들이 그에게 감사하는 마음으로 인사를 했다.

1799년 7월 19일 로제타 근처에서 27세의 젊은 중위 부샤르(Pierre François Xavier Bouchard)가 이끈 병사들과 노동자들이 높이 1미터, 폭 73센티미터, 두께 27센티미터에 달하는 검은 화강암을 발견했다. 돌에 새겨진 내용은, 기원전 192년 프톨레마이오스 에피파네(Ptolémée Épiphane) 파라오의 영광을 기리기 위해 멤피시스 사제들이 만든 신의(神意)였다. 이 신성 문자(hieroglyph)는 백성들이 해독할 수 있게 민용 문자(demotic)로 번역되었고, 또 이집트에 정착한 그리스인들을 위해 그리스어로 다시 썼었다. 이집트 연구소가 이 로제타스톤(Rosetta Stone)에 관한 보고서를 가지고 토론하면서 마침내 이집트학을 탄생시켰다. 결국 영국의 토마스 영(Thomas Young)과 프랑스의 샹폴리옹(Jean-François Champollion)이 로제타스톤에 기록된 글을 해독했는데, 그들은 486개의 그리스 단어들로 된 이 로제타스톤이

1,419개의 상형 문자로 표기되었음을 발견하고 신비의 역사를 푸는 데 성공했다.

이어서 프랑스 원정대는 '왕들의 계곡'을 누벼 12개의 무덤을 발굴하고, 테베의 폐허 속을 뒤져 나갔다. 길고도 험한 여정과 유적을 발견하려는 열정에 휩쓸려 아랍인들에게 살해될 뻔한 고비를 수없이 넘겼다.

룩소르의 폐허는 길이가 700미터에 달하는 구릉 속에 잔해들이 뒤섞여 있었는데, 높이가 10미터에 달하는 원주가 134개나 되었다. 쿠텔(jean Marie Coutelle)은 룩소르 신전에 있는 두 개의 오벨리스크 중 하나를 프랑스에 옮기는 엄청난 계획을 수행했다. 무게가 250톤이나 되는 이 돌을 넘어뜨린 후 모래와 미끈미끈한 널빤지를 이용해 배에 실어 파리로 가져왔다. 물론 그것들은 도굴과 약탈이었으나 나폴레옹이 아니었으면 이집트 문명은 세상에 빛을 못보고 계속 묻혀 있었을 것이다.

비방 드농이 그의 하인과 흑인 시종을 앉혀 놓고 히에라콘폴리스(Hiéraconpolis)의 폐허를 스케치한 후 메디네 하부(Médinet-Habout)에서 족장들과 이야기 하고 있을 때, 누군가가 둘둘 말린 수사본을 손에 들고 있는 미라를 그에게 가져왔다. 그것이 바로 파피루스였다. 그는 일찍이 '로마제국이 정복했던 경계까지' 조국 프랑스가 확장된 것을 자랑스럽게 느꼈고, 그 순간 과학적 정복이 군사적 정복과 혼동되기도 했다.

병사들과 학자들이 이집트의 문화 유적과 예술에 감동과 찬사를 던지고 있을 때, 페스트가 프랑스군에 퍼졌다. 의사 데주네트는 공개된 자리에서 이 질병의 바이러스를 자신에게 투입해 실험했다. "나는 군인들의 용맹성이 흔들리는 것을 막기 위해, 환자로부터 뽑아낸 고름에 란세트를 담근 후, 물과 비누로 씻는 것 외에는 별다른 조심성 없이 서혜부(鼠蹊部)와 겨드랑이 근처에 그 고름을 투입했다." 무모하게 용감한 데주네트는 다행히 무사했지만, 동료가 죽어 가는 모습을 보고 광분한 파비에(Louis Joseph Favier)는 나폴레옹에게 몸을 떨며 정복자들을 공격했다. 그는 하는 수 없이 마취제를 먹여 파비에를 잠들게 했다.

사막의 행군은 전염병 못지않게 힘들고 고통스러웠다. 살라이에(Salahieh)에서는 갈증을 이기지 못한 병사들이 조그만 호수에 엎드려 물을 마셨는데, 목구멍이 아주 고통스러웠고, 따끔따끔해지면서 피를 토하기 시작했다. 외과 의사 장이 그들을 진찰하면서 혀를 숟가락으로 눌러보니 목구멍의 협부에 거머리가 붙어 있었다. 그는 핀셋으로 빼내려 하자 거머리는 바로 몸을 줄여 입천장 뒤쪽으로 올라가 버렸다. 나중에 다시 그것이 내려왔을 때에야 겨우 그것을 제거할 수 있었으나, 이 저주받은 거머리는 가끔 콧구멍을 거쳐 식도와 위까지 침입해 목숨을 앗아가기도 했다.

나폴레옹은 과학을 '전쟁의 으뜸가는 신'이라고 했다. 그는 군사 문제 해결에 도움이 될 수 있는 아이디어를 찾기 위해 산업장려협회를 창립하고, 목적에 유용한 방법을 제시하는 사람에게 1만 2천 프랑(약 5만 달러)의 현상금을 주었다. 그러자 미치광이 발명가, 심령술사, 점성술사, 강신술사 등의 환상적인 제안이 들어왔다. 그 내용들은 영국 1개 여단을 모두 수면에 빠뜨릴 수 있다는 마법의 가루, 병사들을 공중에 날게 하는 날개, 적진 돌격 개들에게 부착하는 폭탄, '병 속에 보관한 야채' 등 다채로운 것들이 선을 보였다.

그중에 샴페인 병 제조업자 아페르(Nicolas Appert)가 제시한 '병 속에 보관한 야채'가 나폴레옹에게 전달되었다. 그것은 병 속에 음식을 넣고 공기를 뺀 다음 코르크 마개로 닫아 두면 맛도 변하지 않고 품질도 상하지 않는다는 것이었다. 나폴레옹은 그에게 1만 2천 프랑의 상금을 주고 '병 속의 식량'을 대량생산할 수 있는 공장의 책임자로 임명했다. 이로써 병사들이 수백 마일을 이동하면서 무겁고 상하기 쉬운 식량을 휴대하는 불편을 해소하고, 식량을 현지 징발할 필요가 없게 되었다. 따라서 프랑스군은 원정에서 '위대한 군대, 승리하는 군대'가 되었다.

영국군은 이상하게 생각하고 '식량이 든 병'을 가진 프랑스 병사를 잡아 그 원리를 알아냈다. 영국은 런던의 기계공 듀란드(Peter Durand)에게 아페르의 발명품을 보완해 격렬한 전투에서도 깨지 않을 주석으로 대치하게 했다. 그것이 바로 오늘날 우리가 상용하는 '캔(can)'이다. '식량이 든 병'이 나온 지 채 1년도 되지 않아 영국은 가공 산업에 혁명적인 변화를 이끌어 냈던 것이다.[24]

파리 공과대학 출신 포병 장교와 군사 공학자들이 최신의 과학과 기술을 발전시켰으며, 암모니아의 산화작용을 이용해 화약의 핵심 성분인 질산칼슘을 추출하는 방법을 개발했다. 그리고 천문학자들을 정부 기관에 채용해 새로운 대양 항해술을 개발하는 등 과학기술 혁신에 일대 혁명을 이룩했다.

그러나 아쉬운 것은 나폴레옹이 좀 더 기구와 어뢰에 관심을 두었다면 세상은 더욱 달라졌을 것이다. 그는 지브롤터를 포위하고 있는 영국군을 물리칠 수 있는 묘안에 1만 프랑의 상금을 걸었다. 과학 사절단 콩트(Jacques Comte)에 의해, 몽골피에(Montgolfier) 형제가 나폴레옹에게 소개되었다. 이들 형제는 종이와 범포로 기낭을 만들고 그 안의 기체를 가열해 '유인 비행기구'를 만들었다. 1800년 시험 비행에서는 수탉, 양, 오리 등의 동물을 싣고 3,000피트의 고도를 유지하면서 거의 8마일을 날았다. 콩트는 이것을 이용해 기구 조종사(aéronaute)들이 하늘에서 적진 관찰, 적 부대의 한복판에 폭탄 투하, 아군 포대의 정찰병 역할 등을 할 수 있다는 내용을 가슴 설레며 제안했다. 그러나 나폴레옹은 파리 근교에 정부 재원 조달의 기체 정역학 연구소 설립으로 종결하고 무기 개발로 진척시키지 않았다. 게다가 2년이 채 못 되어 그 조직에 재정 지원을 중단함으로써 영국을 이길 수 있는 방법을 놓쳤다.

그리고 같은 해 미국인 발명가 로버트 풀턴이 증기기관식 전함과 이른바 '잠수함'이라는 배에 관한 도면들을 나폴레옹 앞에 펼쳐 놓았다. 그것은 폭탄을 적재한 기구보다 더욱 기발한 아이디어였다. 그 배는 물밑으로 항해하면서 수면 위의 배들을 공격할 수 있다는 것이었다. 그리고 풀턴은 '추진력 없이 접촉 시에 작동하는 부력 제로의 탄약'이라고 부르는 오늘날의 '어뢰'와 같은 무기를 제안했다. 많은 과학자와 장교들이 배석한 자리에서 나폴레옹은 마지못해 4만 프랑(약 16만 7천 달러)의 연구비를 풀턴에게 지원해 주었다. 이 기적의 무기들은 1년 만에 센 강에서 무려 4시간 동안 잠수했으며 '어뢰'도 성공적인 결과를 내놓았다. 그러나 나폴레옹은 갑판 아래 화덕을 설치해 나무로 된 배에 동력을 제공한다는 것과 선원들이 배를 조종하는 문제에 대해 의심했다. 또한 실전에서 잘 활용할 수 없을 것이라고 판단하고 추가적인 자금 지원을 중단하는 실수를 범했다.

나폴레옹이 몽골피에 형제나 로버트 풀턴의 제안을 좀 더 귀담아듣고 지원해 주었더라면, 임진왜란에서 사용한 거북선에 대해서 알았더라면, 프랑스의 숙적 영국을 간단하게 섬멸했을 것이며, 역사는 달라졌을 것이다.

황제의 여인들 - 정치에 도움이 되었나, 해가 되었나?

그는 포병 소위로 임관한 후 친구 드 마지와 함께 자랑삼아 페르몽 가를 방문했고, 후일 쥐노 장군의 아내가 된 로라 페르몽에게 호감을 얻으려 했다. 그러나 그녀와 그녀의 동생은 나폴레옹에게 '얼굴하고 장화뿐'이라는 별명을 붙여 주며 냉대했다. 화가 난 그는 로라가 인사할 때마다 '꼬마 말썽쟁이'라고 조롱했다. 그러나 그 후 파리에서 그녀는 나폴레옹을 음으로 양으로 도왔다.

나폴레옹은 1787년 휴가 중 파리를 방문했을 때 브르타뉴 출신의 젊은 창녀와 잠시 교제한 것을 제외하고, 여자 문제에서 드러난 추문은 거의 없는 편이다. 그는 항상 부르봉 왕조를 파멸로 이끌었던 여자 섭정 시대를 교훈으로 생각했다. 특히 그는 앙리 4세와 루이 16세를 여자들이 망쳤다는 것을 종종 상기하면서 마리 루이즈는 말할 것도 없고, 조세핀이나 그의 여인들 중 그 누구도 정치에는 끼어들지 못하게 단속했다. 그러나 정치권력 게임과 무관하게 그가 사귄 여인들은 있었다.

나폴레옹이 고백한 바와 같이, 그가 처음 마음을 빼앗긴 여인은 마르세유 비단 상인의 딸 데지레(Désiré)였다. 그가 처음 그녀를 만난 것은 그녀의 오라비 에티엔이 마르세유 공안 당국에 잡혀갔을 때였다. 그녀는 언니 쥘리와 함께 에티엔을 구출하기 위해 알비트 의원을 방문했다. 당시 나폴레옹의 형 조제프는 알비트 의원의 비서였는데, 데지레는 사무실에서 졸다가 언니를 따라가지 못하고 조제프의 도움을 받아 귀가했다. 데지레는 감사하는 마음으로 그의 동생 나폴레옹과 함께 집에 초대한 것이 계기가 되어 조제프는 쥘리와 결혼하고, 데지레는 나폴레옹과 사랑에 빠지게 되었다.

처음에는 키도 작고, 군복도 낡았으며, 장화는 크고 깨끗하지도 않았고, 모자는 얼굴을 가렸으며 가난에 찌든 장군에 별 호감이 없었다. 그러나 데지레는 나폴레옹이 모자를 벗고 식탁에 앉아 있을 때, 등불에 비친 그의 얼굴을 자세히 보니 조제프보다 훨씬 잘생겼다는 것을 알았다. 당시 나폴레옹은 보직 없이 이탈리아 원정에 필요한 자료를 수집하는 중이어서 거의 매일 데지레 집에 왔고, 둘이 산책할 때면, "유럽 모든 민중에게 자유, 평등, 조국애를 불어넣는 것은 우리의 신성한 의무다. 필요하다면 그 일을 위해 대포도 써야 한다"라고 강조했다. 그리고 가끔 당시 유행한 괴테의 『젊은 베르테르의 슬픔』에 대해 이야기하기도 했다. 두 사람의 사랑은 만남과 대화, 그리고 '깜짝 쇼와 같은 키스' 속에서 깊어졌다.

그들이 만난 지 불과 4개월도 못되어 나폴레옹이 테르미도르 사건에 연루된 혐의로 체포되었다. 조제프는 동생이 로베스피에르의 동생을 통해 얻어 준 일자리를 잃었다. 사랑에 빠졌던 데지레는 어찌할 바를 몰라 애만 태웠다. 비 내리는 어느 날 밤잠 못 이루는 데지레의 귓전에 말발굽 소리가 들려왔고, 여인의 직감은 적중했다. 창 넘어 어둠 속으로 그가 말을 타고 달려왔고, 맨발로 뛰어나가 빗속에서 두 사람은 얼싸안고 얼마나 기뻐했는지 모른다.

무혐의로 풀려난 다음날 나폴레옹은 당장 방데에 있는 오슈 장군 휘하 보병 여단을 지휘하라는 명령을 받았다. 그는 자신이 '포병 전문가'라는 생각을 하며, 인사의 부당함과 왕당파 색출이라는 업무에 대한 부당함을 제기하고자 쥐노와 마르몽을 대동하고 파리의 군무부 사람들을 만나러 갔다. 여비가 없어 데지레가 그의 정복을 사 주려고 모은 돈 98프랑을 빌려 가지고 갔다. 그것은 바로 나폴레옹이 데지레와 헤어지는 계기가 될 줄이야 누가 알았겠는가.

파리에 간 연인으로부터 연락이 두절되자 데지레는 유모 마리에게만 알리고 가출해, 파리에 있는 마리의 여동생 집을 가까스로 찾았다. 우편 마차의 여독을 풀 시간도 없이 그녀는 나폴레옹이 드나든다는 탈리앙 부인 살롱에 갔지만, 처음엔 들어가지도 못하고 쫓겨났다. 그 후 그녀의 남편이 된 장 밥티스트 베르나도트 장군이 혼자 마차에서 내리는 것을 보고 간청해 간신히 팔짱을 끼고 들어갔다. 그러나 그때 마담 테레자가 바라스 앞에서 조세핀과 시민 장군 나폴레옹이 약혼했다고 말하자, 데지레는 "안 돼"라고 비명을 지르며 튀어나왔다. 그 후로 나폴레옹과 데지레의 관계는 끝장이 났다. 데지레에 대해 미안한 나폴레옹은 그녀의 행복을 기원하는 마음으로 쥐노, 마르몽, 뒤포, 베르나도트에게 그녀를 신붓감으로 추천했고, 결국 그녀는 베르나도트와 결혼했다. 나폴레옹은 지난날 마르세유에서 자신의 인사 문제에 대한 불만을 제기하고자 파리로 올 때, 데지레에게 빌린 돈 98프랑을 금화로 바꾸어 대관식 초청장과 함께 데지레에게 보내면서 빚을 갚는다는 마음을 전했다. 후일 이들 부부가 스웨덴 왕과 왕비가 된 것은 나폴레옹에 대한 충성과 더불어 첫사랑의 선물이 아니겠는가.

나폴레옹의 두 번째 여인은 16세에 알렉상드르 드 보아르내 후작과 결혼해 두 아이를 가진 조세핀(Josephine)이었다. 후일 두 아이 중 외잰(Eugéne)은 이탈리아 부왕에 임명되었고, 오르탕스(Hortense)는 루이 보나파르트와 결혼했으며 그녀의 아들은 나폴레옹 3세가 되었다.[25] 보아르내는 공화국의 군 사령관을 역임한 바 있으나 1794년 애석하게도 공포정치 시대에 단두대에서 처형되었고 조세핀은 가까스로 살아남았다.

조세핀은 나폴레옹보다 여섯 살 위였고, 두 아이의 어머니였지만, 여전히 천부적인 미와 자태를 지니고 있었다. 그녀는 마담 탈레랑이 라 쇼미에르에 만든 인물 좋고 애교 만점인 미녀 그룹의 회원이었다. 그녀의 목소리는 낮으면서도 음량이 풍부하며, 자태는 세련미가 있고, 표현은 상냥하며 동작은 유연하고 몸매는 우아했다. 때로는 꼭 다문 입이 새침하게 보였지만, 여성적인 매력과 능란한 사교술과 더불어 폭넓은 인간관계를 가지고 있었다. 그녀의 사교술은 용모만큼이나 완벽했다. 그녀는 지성과 교육에 커다란 제약을 받았음에도 불구하고, 이것들을 노출시키지 않는 방법을 알고 있었다. 살롱의 가장 괴팍한 비평가들조차 그녀의 탁월하고 자연스런 인품에 대해 어떤 비난의 구실을 찾지 못했다. 그러나 부패한 인간 바라스의 측근이었고, 한때 그의 정부이기도 했다. 그녀가 탈출구를 찾으려고 노력하고 있을 무렵 젊은 나폴레옹이 나타났다.

나폴레옹이 그녀를 만난 것은, '방데미에르 위기' 이후 무기를 당국에 반납해야 하는 과정에서였다. 그녀는 열네 살 난 아들 외잰을 나폴레옹에게 보내 죽은 남편의 칼을 가지고 있어도 되는지 물었다. 나폴레옹은 외잰의 의젓한 모습에 이끌리어 그녀의 요청을 허락했는데, 그 후 조세핀이 나폴레옹을 방문해 감사의 뜻을 전했고, 그것이 계기가 되어 두 사람은 결혼하기에 이르렀던 것이다.

창백한 얼굴, 작은 키, 그리고 촌스러운 태도로 인해 숙녀들에게 단번에 좋은 인상을 주지 못했던 나폴레옹은 이 귀족적인 미망인을 보는 순간 첫눈에 반했다. 조세핀이 총재 정부 시대부터 바라스와 내연의 특별한 관계에 있었던 것을 감안해 이득이 클 것으로 나폴레옹이 생각했는지도 모른다는 설도 있고, 조세핀의 애정 행각에 말려들었다는 말도 있지만, 튈라르(Jean Tulard)의 말과 같이 조세핀의 '육체적 관능미'에 매력을 느껴 결혼한 면도 있다.[26]

처음에 조세핀은 '테러리스트 타입'이자 '방데미에르 장군'으로 이름난 초라한 타입의 나폴레옹에 대해 매력을 느끼지 못했다. 그러나 그녀는 나폴레옹의 용기와 자신감, 광범한 지적 능력, 그리고 탐색적인 시선과 위압적인 눈빛, 무서울 만큼 열렬한 구혼의 힘에 감동되어 그의 구혼을 받아들였다. 그들은 1796년 3월 9일 결혼을 했는데, 소문에 의하면, 조세핀이 바라스로부터 이탈리아 주둔군 지휘권을 나폴레옹에게 주겠다는 약속을 받아낸 후였다고 한다.

조세핀은 나폴레옹에게 육체의 쾌락을 일깨워 준 첫 번째 여인이었으며, 남편이 일어나는 것을 보고 잠드는 것을 지켜보는 여인이었다. 이 두 사람의 침상을 방해하는 것은 단지 조세핀이 사랑하는 고양이였다. '카를랭(carlin)'이란 그 작은 고양이는 조세핀의 침대 옆 소파를 떠나지 않아 나폴레옹의 마음을 거슬리게 했다. 그러나 조세핀에 대한 사랑과 열정이 모든 것을 극복하게 했다.

그는 이탈리아에서 정열이 넘치는 사랑의 편지를 수 없이 보냈다: "나는 그대를 껴안지 않고는 하루도 지낼 수 없습니다. 그대는 나의 정신을 사로잡고, 나의 생각은 온통 그대에게 빼앗기고 있습니다." 그는 조세핀을 사랑할 뿐만 아니라 그녀에게 의지하고 위로 받고 싶어 했다. 특히 그는 이탈리아에서 정열이 넘치는 사랑의 편지를 수십 통 보냈지만, 그녀는 그의 편지를 가져다주는 장교들과 사랑을 나누었다. 사랑하는 전우 쇼베(Chauvet)가 죽자 나폴레옹은 "아내여! 나는 지금 당신의 위로가 필요합니다. 나의 고통을 당신에게 털어놓고, 위로 받고 싶습니다"라고 편지를 써서 보냈다. 그는 조세핀의 답장을 기다리다 못해 때로는 독촉했다. 두 사람 사이의 사랑은 영원하지는 못했다.

이집트 원정에서 돌아온 나폴레옹은 이미 조세핀과 이혼하기로 마음먹은 상태였다. 그가 이집트에 도착하자마자 조세핀이 젊고 잘생긴 경기병 샤를과 불륜에 빠졌다는 소식을 들었고, 이보다 더욱 나쁜 소식은 둘이 부패한 군납업자들의 도움으로 돈을 모으고 있다는 것이었다. 게다가 조세핀은 아이를 낳지 못했다. 나폴레옹은 드뉘엘(Eléonore Denuelle) 사이에서 레옹이라는 아들을 하나 얻었으나 자신이 아버지라는 사실을 인정하지 않았다. 그러나 탈레랑이 폴란드 귀족들에게 베푸는 연회에서 만났으며, 춤은 잘 못 추지만 눈이 크고 파란 폴란드 여인 발레브스카(Marie Waleweska)가 아들을 낳았을 때는 자신이 아버지임을 부정하지 않았다. 그녀는 정치에는 관심이 없고 오직 나폴레옹 곁에 있는 것으로 만족했으며, 엘바 섬에도 한 번 다녀갔다.[27] 나폴레옹은 황제비만 바꾸면 아이를 낳을 수 있다는 자신감에 차게 되었다. 조세핀과의 이혼은 1809년 12월 14일 발표되었다.

그러나 그는 세인트헬레나에서 "조세핀은 실제로 늘 거짓말을 했어, 하지만 늘 우아하게 처리했지. 그녀는 내가 일생 동안 가장 사랑한 여성이었다"라고 했다. 조세핀과 헤어진 후 그의 인생에서 여자는 한낱 오락물이나 정치적 도구에 지나지 않게 되었다. 따라서 1814년 4월 16일 "안녕, 나의 사랑하는 조세핀, 당신도 나를 떠났습니다. 그러나 나는 결코 당신을 잊지 못합니다. 아니 결코 잊지 않을 것입니다"라고 한 말은 진심인 것 같다. 그러나 조세핀은 디프테리아로 때 이른 죽음을 맞이했고, 죽기 전 파리에서 나폴레옹이 원수처럼 생각하는 러시아의 알렉산더 황제를 자존심도 없는 듯 환대해 주변 사람들을 황당하게 했다.

나폴레옹의 세 번째 여인은 오스트리아 황녀 마리 루이즈(Marie Louise)였는데, 나폴레옹은 원정에서 파리로 돌아오는 도중 청혼해 1810년 3월 9일 결혼 서약서에 서명을 하고 이어 11일 혼배 성사를 했다. 그녀의 친척인 마리 앙투아네트가 루이 16세에게 시집오듯 그녀도 정략적인 결혼을 했다. 그래도 나폴레옹은 약혼녀가 보고 싶어 뮈라를 동반하고 샹파뉴로 달려가 쿠르셀에서 상봉했고, 둘이 첫날밤을 보냈다. 그를 추종하는 원로원은 그 결혼을 선포했으나 파리의 주교 법정은 대담하게 불가하다는 판결을 내렸다. 또한 국방장관 라퀴에(Lacuée)는 오스트리아가 강국이 아니라고 반대했으나 나폴레옹은 바그람 전투를 예로 들어 그들의 용맹성을 칭찬하면서 뜻을 꺾지 않았다. 그러나 이들의 결혼 생활도 길지 않았다.

나폴레옹이 엘바 섬으로 귀양 가기 전 그녀는 오스트리아로 피난을 갔고, 그 아들이 아버지의 적들 속에서 공허하고 비참한 생활을 하는 동안 그녀는 정숙하지 못한 생활을 했다. 1815년 이래 그녀는 새로운 보좌관 나이프베르그(Neippberg) 백작의 정부로 전락했고 1821년 결혼식을 올렸으며, 8월 15일에는 그의 아이까지 낳았다. 이러한 불행과 고통 중에서 나폴레옹이 가장 참기 힘들었던 것은 로마왕인 아들을 만날 수 없었다는 것이다.

나폴레옹은 1798년 11월 이집트에다 파리의 티볼리(Tivoli) 공원을 모델로 해 공원을 만들었는데, 그곳에 아름다운 놀이 시설을 설치했다. 거기에는 오렌지, 귤나무들이 가득하며, 물이 흐르고, 그네도 설치했으며, 투구 놀이도 할 수 있게 꾸몄다. 회원으로 가입한 사람들은 살롱, 레스토랑, 독서실, 유럽식 목욕탕에서 사치를 누릴 수 있었다. 이곳에서 그는 폴린 푸래(Pauline Fourés)를 만났는데, 그녀는 보병 22대대 푸래 중위의 약혼녀였다. 아름답고 매력적이며 쾌활한 금발의 약혼녀 때문에 그 중위는 먼 곳으로 발령을 받았고, 그녀는 나폴레옹 품에 안겼다. 그녀에게는 '우리 여장군님, 벨리로트(아름다운 노래)'라는 별명이 붙었으며, 나폴레옹 품에서 클레베르의 품으로 넘어갈 때에 '클레오파트라'라는 별명이 그녀에게 붙여졌다.

나폴레옹이 이끈 원정군들은 점령지에서 대체로 환영을 받았지만 프랑스 여인들은 이집트 사람들에게 많은 충격을 주었다. 이집트 여인들과 달리 프랑스 여인들은 '얼굴을 드러내고' 길거리를 활보하며, 거침없이 웃어 대고 목을 드러내고 동물 임대인이나 건달들과 농담을 나누며, 때로는 말들을 사납게 몰아 댔다. 이집트의 순진한 여자들이 프랑스 여자들의 그러한 모습을 따라 하기 시작했다.[28] 그러나 그런 것에 대해서 나폴레옹은 별로 신경을 쓰지 않았다.

나폴레옹은 세인트헬레나의 유배 생활 처음 두 달 동안 발콤 가의 부라이어에서 지냈다. 발콤은 영국의 해군 관리이자 동인도회사 납품업자였다. 나폴레옹은 발콤의 둘째 딸 벳시 발콤과 즐거운 시간을 보냈다. 몇 년 후 런던에서 벳시 발콤은 나폴레옹에 대해 글을 썼다. "내가 대단히 무서운 뱃사람으로 알았던 그를 처음 보는 순간 두려움과 감탄이 교차했던 기억이 생생하다. 말을 탄 그의 모습은 귀족적이며 당당했다. 말을 할 때의 매력적인 미소와 친절한 태도를 보자 지금까지 그를 두려워했던 마음이 말끔히 사라졌다. 나는 결코 그렇게 훌륭한 외모를 가진 사람을 본 적이 없었다."

나폴레옹이 본 그 소녀는 예쁘고, 붉은 뺨을 가진 금발의 소녀였으며, 깡마른 어린 몸이 막 여성다워지기 시작했다. 그녀는 헝클어진 머리 위에 햇빛 가리는 모자를 썼고, 장식 칼라가 있는 블라우스를 입었으며, 굽 없는 신발을 신고 발목까지 내려온 바지 위에 짧은 스커트를 입고 있었다. 그녀의 푸른 눈은 나폴레옹의 눈처럼 또릿또릿하고 무언가 갈구하는 듯했다.

그는 자기 옆에 그녀를 앉혔다. 두 사람은 불어를 아느냐? 어떻게 배웠느냐? 러시아에서 나폴레옹이 불을 질렀다고 생각하느냐? 등의 질문으로 대화의 꽃을 피웠다. 나이와 국적을 넘어서 두 사람은 금세 어린애같이 장난을 쳤다.

그러나 벳시의 친구 그레이어는 나폴레옹이 잔디밭으로 온다는 말을 듣고 소스라치게 놀랐다. 그 어린 소녀는 나폴레옹을 무시무시하게 생긴 괴물로 생각하고 있었던 것이다. 나폴레옹은 그레이어에 대한 이야기를 듣기 전까지, 자기가 세상에 그렇게 무서운 사람으로 각인되어 있다는 것을 몰랐다. 아이들과 가까이 지내면서 그는 가끔 아이들 앞에서 무서운 얼굴을 만들어 보였으나 아이들은 웃음보를 터트리곤 했다.

벳시는 가끔 롱우드 하우스를 방문했다. 나폴레옹은 영국제 대포가 빽빽이 들어선 침침한 봉우리 사이로 보이는 잿빛 바다를 가리키며, "너는 영국으로 떠나게 될 것이고, 나는 이 참혹한 섬에 남아 죽게 될 것이다"라고 하자 벳시는 울음을 터뜨렸다. 그는 그녀의 눈물을 닦아 주며 그 손수건을 이별의 징표로 간직해 달라고 했다. 벳시가 소중하게 간직하고 싶다고 말하자, 그는 기꺼이 자기의 머리카락을 잘라 벳시에게 주었다. 벳시가 14세 때 발콤 가는 영국으로 떠났는데, 그때 벳시는 나폴레옹과 헤어지는 것이 섭섭해 그녀의 방으로 달려가 울었다.

발콤 가가 영국으로 떠난 이유는 나폴레옹과 너무 친하다고 총독이 생각했기 때문이었다. 그 후 런던에서 부인이 된 벳시는 무서운 전사이며, 한때 이마 한가운데 불타오르는 듯한 붉은 눈을 가진 괴물로 생각했던 그를 회상하며, 종종 장난 좋아하는 놀이 친구로 주변에 소개했으며, 1873년 영국에서 죽었다.

세인트헬레나의 나폴레옹의 거처에는 엷은 황색 칠을 한 23개의 방에 50명이 거주했으며, 건축된 지 70년이 되어 수리를 했으나 벽 속에는 쥐들이 시끄럽게 돌아다녔다. 그는 가끔 말을 타다가 섬 주민의 집을 예고 없이 방문했는데, 어느 날 한 소작농의 열일곱 살 된 매력적인 딸인 메리 엘리드 로빈슨을 만났다. 나폴레옹은 그녀에게 '님프(요정)'라는 별명을 붙여 주었으며, 그녀의 집을 열두 번 이상 방문했다.

1816년 7월 11일 오후 4시 나폴레옹은 러시아에서 자신의 생명을 구한 구르강과 함께 알빈 드 몽솔롱 소장을 방문했다. 그의 매력적인 부인은 며칠 전 둘째 딸을 출산했으며, 그때 『라퐁텐의 우화와 마담 드 브렝필리어의 이야기』를 읽고 있었다. 나폴레옹은 가끔 몽솔롱을 초대해 저녁 식사를 했다. 궁전 대제독인 베르트랑은 저녁에는 롱우드 하우스에 거의 오지 않았다. 이유는 나폴레옹이 몽솔롱 부인과 잘 어울려 몽솔롱보다 자신이 더 소외당한다는 느낌에서였다. 몽솔롱 부인은 남편과 결혼하기 전 두 번의 결혼 경력이 있었다. 나폴레옹은 그 결혼이 어울리지 않는다고 생각했으며, 자기가 분명히 원했음에도 이를 거역하고 결혼했다는 이유로 몽솔롱을 해고했다. 세인트헬레나 섬에서는 그녀가 나폴레옹의 애인이었다고 널리 알려졌다.

구르강은 몽솔롱 부인이 나폴레옹의 침실을 찾아가는 것을 보았다고 그녀의 남편에게 말했다. 구르강은 가끔 '불쌍한 몽솔롱, 무슨 일을 하고 있는 건지'라고 탄식했다. 나폴레옹과 몽솔롱 부인과의 관계는 영국 정부의 정보기관에도 보고되었다. 스터머(Baron Stumer)는 "몽솔롱 부인은 그녀의 경쟁자들에게 승리할 수 있었고 황제의 침대에 올라 갈수 있었다"라고 했다. 또한 베르트랑은 영국인 의사 베링(James Roche Vierling)에게 어린 나폴레옹은 몽솔롱을 전혀 닮지 않았으며, 그 아이는 어떤 사람의 이름을 딴 것이라고 했다. 몽솔롱은 나폴레옹을 암살하라고 파견된 아르투아 백작의 하수인이었으므로 그 부인의 정체 또한 알 수 없었던 것이다.

나폴레옹이 인연을 맺은 또 다른 여인은 네케르의 딸 스탈 부인이다. 그녀는 『나폴레옹의 생애』에서 벼락출세한 사람이면 누구나 갖게 되는 결점, 즉 자신이 속하게 된 계급을 너무 대단하게 생각하는 결점을 나폴레옹이 가지고 있었다고 했다. 그녀는 전 유럽에 걸쳐 평판 있는 작가이었으며, 조제프, 뤼시엥, 베르나도트, 쥐노 등과도 교분이 두터웠다. 그녀는 1797년 이탈리아를 막 정복하고 돌아 온 나폴레옹을 유혹하려 했다. 그녀는 나폴레옹에 대해 "그토록 용맹한 전사, 가장 심오하게 생각하는 사람, 역사상 가장 비상한 천재"라고 썼다. 네케르는 그녀가 '브뤼메르 쿠데타'를 열광적으로 환영하자, 빈정대며 "네가 그의 영광에 행복을 느낀다니 축하한다"라고 한 것을 보아 스탈 부인은 남 보기에 역겨울 정도로 나폴레옹을 좋아한 것 같다.

그러나 나폴레옹의 눈에 네케르 가문은 가장 혐오스럽고 위험해 보였다. 게다가 스탈은 나폴레옹이 복원시키려고 한 예법과 가족생활의 규율을 무시하고 애정 행각을 공공연히 벌인 '색정광(érotomanie)'으로 생각되었다. 1797년 탈레랑이 주최한 저녁 모임에서 스탈 부인이 "산 사람이고 죽은 사람이고 가장 위대한 여성은 누구죠?"라고 묻자 나폴레옹은 "아이를 제일 많이 낳는 여자"라고 대답해 스탈 부인의 입을 막아 버렸다.

스탈 부인의 애인인 방자맹 콩스탕은 호민관 내 소수파의 지도자였다. 그래서 나폴레옹은 그녀가 베르나도트의 음모에 연루되었을 것이라는 강한 의혹을 품었다. 1803년 이후 그녀에게 파리 거주가 금지되었을 때, 나폴레옹은 "제네바 근처 코페에 있는 그녀의 집이 나에게 대항하는 진짜 무기고이다"라고 했다. 1808년 12월 그녀의 아들 오귀스트가 어머니의 추방을 취소해 달라는 탄원을 하러 나폴레옹을 찾아왔다. 그는 네케르의 이야기가 나오자 "네 할아버지는 몽상가이고 미친 사람에다 노망한 편집광이었어"라고 소리를 질렀다. 그러나 곧 호의를 보이면서 오귀스트의 귀를 꼬집으면서 "네 솔직함에 화가 나기는커녕 오히려 기분이 좋군. 나는 어머니를 변호하는 아들을 좋아해. 네 어머니는 동정받아 마땅해. 정말로! 파리만 빼고 온 유럽이 그녀에게는 감옥이니까. 네 어머니가 더 이상 정치 얘기를 하지 않는다고 약속한 것은 기적이야"라고 해 정치에 끼어드는 여성은 가차 없이 내친 것을 볼 수 있다.

스탈 부인에 대한 박해는 그녀로 하여금 결국 전 유럽에 걸쳐 반나폴레옹 운동 지식인들의 선두에 서도록 하게 했다. 두 사람의 마음속에는 계몽주의의 관념과 낭만주의 감정이 불안하게 충돌하고 있었다. 그리고 둘 다 천재성이 있었는가 하면 또한 영광을 추구하는 천재로 통상적인 규칙 따위는 무시해도 된다는 지독한 이기주의자들인 데다가 사랑의 갈등이 엄청난 사회적 불화로 이어졌던 것이다. 이루지 못한 사랑은 결국 증오로 끝이 났다.

나폴레옹이 여인 관계에서 가장 신랄하게 비난받은 것은 많은 귀부인들에게 농을 하면서 그들의 귀를 잡아당겨 괴롭히거나 아니면, 그들 남편의 불미스러운 풍문을 심술궂게 일일이 나열하는 데 있었다고 하니 그의 매너는 형편없었던 것이 아닌가 한다.

영웅의 빛과 그림자 – 빛날 것인가, 사라질 것인가?

　나폴레옹에 대한 평가는 평가자들의 입장에 따라 매우 다양하게 표현되어 있다. 독재에 항거하는 자유주의자들에게는 '코르시카의 괴물', 영웅 시대의 향수를 노래하는 낭만주의자들에게는 '인간에게 불을 전해 준 프로메테우스', 전쟁의 참상을 고발하는 평화주의자들에게는 '프랑스 젊은이들의 목숨을 앗아간 이민족 용병 대장', 독일 침략에 복수하려는 민족주의자들에게는 '민족정기의 화신'이 되어 왔는데, 그러한 평가는 여전히 계속될 것이다.

　이제 "나는 유럽의 모든 국가를 하나의 국가로 만들겠다"[29]라는 것과 프랑스 제국의 건설에 대한 나폴레옹의 꿈은 영원히 사라졌다. 하지만 그가 패전한 워털루는 유럽 최초의 테마

공원이 되어 그와 웰링턴, 그리고 인간의 용기와 전쟁의 끔찍함을 온 세상에 상기시키고 있다. 민주 국가나 혁명으로 시민 사회를 건설한 나라들은 결코 그를 미워하지 않는다. 그의 공화주의와 평등사상은 시민 사회 건설의 역동적인 힘이 되었다. 미국 뉴올리언스의 샤르트르(Chartres) 가의 한 모퉁이에는 지금도 '나폴레옹 저택(La Maison de Napoléon)'이라고 불리는 큰 집이 하나 있다. 그가 세인트헬레나에 유배되어 있을 동안 루이지애나에 있는 프랑스계의 한 군부대가 그를 미국으로 모셔오기로 했다. 출발 직전 그의 서거 소식을 듣고 애석하게도 포기했지만, 그의 사후 세인트헬레나에서 뜬, 데스마스크를 소장하고 있어 보는 이의 마음을 아쉽게 한다.

코르시카 섬 아작시오의 마레샬 광장에 있는 그의 동상은 변함없이 그의 고향 사람들에게 긍지와 자부심을 심어 주고 있으며, 희망을 주고 있다. 그리고 모나코의 나폴레옹 기념관에는 그리말디 가와 보나파르트 가 사이의 가족 관계를 알 수 있는 가계도, 그의 의복, 그와 조세핀의 초상화가 잘 보존되어 있는 것을 볼 수 있다.

프랑스의 육군사관학교에도 사관 후보생 보나파르트 나폴레옹 초상과 함께 경제적 환경만 좋으면 성공할 수 있다는 그의 졸업논문은, 당시 빈곤층의 생활과 젊은 시절 경제적으로 어려웠던 상황을 연상하게 한다. 그리고 군사 박물관에 전시된 나폴레옹 황제의 데스마스크, 박제된 말, 갖가지 군복과 무기들은 전투에 승리해 함성을 지르는 병사들의 모습과 악전고투를 겪은 황제의 모습을 상기시킨다. 또한 퐁텐블로 성에 있는 '나폴레옹 1세 홀'과 그의 옥좌, 로슈포르의 나폴레옹 박물관에 소장된 그의 회고록은 귀양지로 떠나는 그의 참담한 모습과 귀양지에서의 혹독한 생활을 연상하게 한다.

일명 '군인들의 교회'로 불리는 생 루이 데 쟁발리드(Saint Louis des Invalides) 교회에는 1840년 루이 필리프의 명으로 옮겨진 나폴레옹의 유해가 안치되어 있다. 지하 묘실에 푸른 화강암의 대좌에 붉은색 석관을 올려놓고, 6개의 널을 나란히 진열해 보관한 유물에서 그의 공화 정신과 제국 건설에 대한 프랑스인의 범국민적 사은 정신을 느낄 수가 있다.

샹젤리제 거리 한복판에 세운 카루젤 개선문은 1805년 아우스터리츠 전투를 비롯해 여러 전투에서 승전고를 울리고 개선하는 나폴레옹을 찬양하고 환영했던 광경을 연상케 한다. 그리고 루브르 박물관에 소장된 대관식에 쓴 황제의 관, 검, 기타 장신구들은 프랑스의 영광과 번영의 시대를 느끼게 한다. 또한 말매종과 그의 '영국 침공 세부 계획서(1803~1805)'를 전시한 콜론 드 라 그랑 다르메에서는 그의 화려한 생활과 야망을 볼 수 있다. 그 외에도 생 라파엘, 콩피에뉴 성, 피에르퐁 성 등에도 그의 역사와 숨결을 느낄 수 있다.

세상이 그를 독재자라고 비난하더라도 그는 종신 통령과 황제가 될 때, 두 번 모두 국민투표에서 절대 다수의 지지를 얻었다. 그는 전쟁의 '귀재'로서 프랑스 역사상 가장 많은 전승으로 가장 크게 영토를 확장해 대제국을 건설하고 프랑스의 영광을 드높인 영웅이다. 그는 프랑스 혁명의 계승자로서 잔다르크, 드골과 함께 프랑스에서 영원히 존경받는 영웅이 되었다. 또한 그는 그리스의 알렉산더 대왕, 로마의 카이사르로 상징되는 세계적인 영웅의 대열에 속하게 되었다.

독일의 괴테도 나폴레옹의 해박한 지식과 교양 수준에 놀랐다. 볼테르의 『마호메트』에 대한 그의 비판과 베르테르에 대한 논평에 괴테도 매료되었다. 괴테는 『에케르마나과의 대화』에서 "나폴레옹은 훔멜이 피아노를 다루듯 세상을 능숙하게 다룬다"라고 칭찬하며, 그와 견줄 만한 사람은 거의 없다고 했다. 그리고 그리스인들이라면, 그를 반신의 계열에 올려놓았을 것이라고 했다. 하이네도 나폴레옹을 만난 후 "그는 한 번의 눈길로 모든 사람들을 다 꿰뚫고 있었다"라고 해 독일에도 그의 명성이 널리 퍼져 있음을 알 수 있다.

비록 그가 20회나 전쟁에서 승리했지만, 결국 러시아 원정과 워털루의 패전은 그의 한계이자 제국의 종말이었다. 그가 러시아의 '한파'에 대한 대책을 세웠다면, 미국 로버트 풀턴의 '증기기관식 전함'과 몽골피에 형제의 '유인 비행기구'에 좀 더 관심을 두고 투자했다면, 참패한 영웅이 되지는 않았을 것이다. 그리고 카르노의 권고대로 미국으로 망명했고, 영국 정부에 자신을 의탁하지 않았더라면, 그의 생애와 프랑스의 역사는 달라졌을 것이다. 그는 푸셰와 영국의 음모를 간파하지 못해 영웅도 간교한 덫에 걸린다는 교훈을 주고 있다. 그는 세인트헬레나에서 졸음과 불면증, 발이 부어오르고, 몸의 털이

빠지는 만성 비소 중독증에 시달리다 1821년 5월 5일 5시 49분 살해되어 영국의 비인간적인 독극물 살해 방법을 역사에 고발하게 한다.

그는 이탈리아, 이집트, 스페인, 오스트리아, 스페인 전쟁을 통해, 그리고 홀란드, 한자동맹시(현재 노르웨이의 오슬로), 올덴부르크 공국(Oldenburg)을 프랑스에 병합하는 과정에서 '문화적 충돌(cultural shock)'도 있었지만 문화의 융합과 프랑스의 문화와 과학기술의 새로운 지평을 여는 계기를 마련했다. 괴테가 말한 바와 같이 그는 16년 동안 고도의 문화를 전파시킨 이른바 '문화 사절'의 역할을 활발하게 펼쳤다. 그리고 그는 전쟁을 통해 프랑스의 학문과 기술을 한 단계 끌어올려 실용화하는 데 크게 기여했다. 또한 그가 개발하고 진흥시킨 문화와 예술, 과학과 기술은 역사의 수레바퀴를 돌리면서 여전히 차세대의 동력이 되고 있다.

드골의 말처럼 나폴레옹은 프랑스를 위해 존재했다. 그의 위대함을 깎아내리지 말아야 할 것이다. 나폴레옹은 부르봉 왕가와 구제도를 영원히 사라지게 만든 프랑스 최초의 '평민 황제'였다. 그는 문벌과 권세에 의한 특권에 종지부를 찍었고, 모든 사회에서 한 인간의 생애가 재능에 따라 결정되어져야만 한다는 민주적 신조를 가장 훌륭히 입증해 주었다.

그는 출신보다 능력을 인정하는 사회 건설에 역점을 두었으며, 프랑스 혁명 정신 중 '공화정'과 '평등'을 구현하는 데 역점을 두었다. 그는 정치 파벌, 종교 분쟁, 유혈 투쟁을 종식

시키고 '화해와 평등'으로 미래를 향한 역동적인 제국의 건설을 추진했다. 그는 그것을 나폴레옹 법전, 교황과의 화약, 이민족이나 이교도와의 문화 교류, 종교적 관용, 교육 개혁 등에서 여실히 보여 준다.

그러나 샹폴리옹이 해독한 로제타스톤을 비롯해 점령지의 역사 유물과 문화재에 세상의 빛을 보게 한 그의 공과를 인정하면서도 '문화재 약탈'이라는 점에서 다소간의 아쉬움을 남긴다. 그리고 욕심을 부려 역사적 사실을 왜곡시킨 데 대한 비판은 면할 길이 없을 것 같다. 예를 들면, 동생 제롬은 나폴레옹이 반대하는 결혼을 해 로마로 추방되었고, 어머니는 대관식 참여를 거부하고 제롬을 만나러 이탈리아로 갔는데, 이들 두 사람을 대관식에 참석한 것처럼 다비드로 하여금 그려 넣게 한 것이 오늘날 루브르 박물관에 전시되어 사람들을 헷갈리게 하고 있다.[30] 그리고 노새를 탄 나폴레옹을 다비드가 백마를 타고 알프스 산을 넘는 활기차고 용맹한 모습으로 이미지화 해 그린 그림은 '역사의 실상'이 무엇인지를 혼동하게 하고 있다. 또한 1792년 8월 10일 튈르리 궁의 정원에 들어가 "남부인이여, 이 불행을 구합시다"라고 외치면서 '도살꾼'과 같이 마구 민중 학살에 가담했던 사실은 역사의 심판을 피할 길이 없다.

그리고 나폴레옹이 스페인 전쟁에 실패한 것을 두고두고 후회했지만, 형 조제프, 동생 루이, 뤼시앵, 제롬 등을 점령지의 왕으로 임명했고, 여동생들의 남편들에게도 높은 관직을 주는 인사 비리로 프랑스의 전투력을 약화시켜 패전과 패망으로 이끌었다는 비판은 면할 길이 없을 것이다.

또한 러시아 원정과 워털루 전투에서 잘못된 판단으로 수많은 병사들을 죽인 책임과 더불어 그는 너무 많은 왕들에게 모욕감을 주었고, 너무 많은 사람들에게 권력을 행사했으며 전쟁과 대륙 봉쇄로 너무 많은 희생을 요구했다. 그래서 프랑스의 살롱과 카페에서는 비판의 목소리가 높아졌고, 과도한 징병 때문에 인기가 추락했다. 장기간의 원정으로 사령관들도 전쟁에 진저리가 났다. 그들은 너무 늙고 너무 부자가 되었다. 나폴레옹은 패망할 무렵 입법원과 원로원을 공격하고 국가참사원에서 '공상론자'들을 징계하고 경찰청장 등 나태하고 부정한 공직자들을 파면했지만 소용없는 일이었다.

나폴레옹은 "나의 사전에 불가능은 없다"라고 했지만, 사람들은 이 세상에는 영원한 강자도, 영원한 강국도 존재할 수 없다는 것을 그를 통해서 보았다. 그러나 그는 시대를 바꾸는 능력을 보여 주었고, 신분의 귀천이나 지연과 학벌에 관계없이 의지를 가지고 노력하면 '누구나 할 수 있다(We can)'는 가능성을 심어 주었다.

주

1) Emile Ludwig, *Napoleon,* trans by Eden and Cedar Paul, Liveright Publishing Corporation, 1943, p.4.
2) H. A. L. Fisher, *Napoleon*, 1977, pp.14~15. (김영한 옮김, 『나폴레옹』, 탐구당.)
3) Jean Tulard et 4, *L'ABCdaire de Napoléon et l'Empire*, Flammarion, 2002, p.15.
4) Jay Luvaas, *Napoleon on the Art of War*, The Free Press, 1999, p.9.
5) F. Blei, *Talleyrand*, Payot, 1980, p.76.
6) Georges Bordonove, *Napoléon*, Editions Pygmalion, 2005, pp.212~213. (나은주 옮김, 『나폴레옹 평전』, 열대림, 2008.)
7) Geoffrey Wootten, *Waterloo 1815*, p.5. (김홍래 옮김, 『워털루 1815』, 플래닛미디어, 2007.)
8) David Howarth, *Trafalgar: The Nelson Touch*, Atheneum, 1969, p.239.
9) Georges Lefebvre, *Napoléon*, Presses Universitaires de France, 1969, p.347.
10) Karl Heinrich Peter, *Briefe zur Welt-Geschichte*, pp.152~153 (이일철 옮김, 『세계를 변하게 한 편지』, 정음사, 1975.)
11) *Désirée*, by Annemarie Selinko, pp.64~65. (고정아 옮김, 『나폴레옹의 첫사랑 데지레』(1권), 서커스, 2007.)
12) Jean-Denis Bredin, *Sieyès: La Clé de la Révolution française*, Editions de Fallois, 1988, p.452.
13) Max Gallo, 『나폴레옹 1 출발의 노래』 별책 부록 '황제의 앨범(L'Album de l'Empereur)', 문학동네, 1998, 24쪽.
14) Owen Connelly, *French Revolution / Napoleonic Era*, Holt, Rinehart and Winston, 1979, p.212.
15) Isser Woloch, *Napoleon and His Collaborators: The Making of a Dictarship*, W. W. Norton & Company, 2001, pp.192~194.
16) Jacques-Olivier Boudon, *Histoire du Consulat et de l'Empire, 1799~1815*, Librairie Académique Perrin, 2000, p.150, p.221.

17) Charles Durand, "Rome a remplacé Sparte", *Napoléon et l'Empire: Naissance d'un empire*, tome 1, sous la direction de Jean Mistler, Nouvelles Editions Marabout, 1979, p.231.

18) Marc-Antoine Jullien, *From Jacobin to Liberal*, trans by R. R. Palmer, Princeton University Press, 1993, p.109.

19) Fellex Markham, *Napoleon*, p.221~523. (이종길 옮김, 『나폴레옹』, 길산, 2001.)

20) 서정복, 『프랑스 혁명과 나폴레옹시대의 교육 개혁사』, 충남대학교 출판부, 2007, 1~393쪽.

21) A. Aulard, *Napoléon 1er et Le Monopole Universitaire*, Librairie Armand Colin, 1970, pp.194~195.

22) Jerry Manas, *Napoleon Leadership*, p.38. (정진영 옮김, 『나폴레옹 리더십』, 김영사, 2006.)

23) Herbert Butterfield, *Napoleon*, Collier Books, 1966, p.52.

24) Ernest Volkman, *Science goes to War,* pp.265~267. (석기용 옮김, 『전쟁과 과학, 그 야합의 역사』, 이마고, 2003.)

25) William H. C. Smith, *Napoléon III: Les Derniers feux de l'Empire*, Hachette, 1982, pp.9~21.

26) Jean Tulard, *Napoléon-Lettres d'Amoour à Joséphine*, Fayard, 1985, p.43.

27) Jean Thiry, "D'Austerlitz à Tilsitt", *Napoléon et l'Empire: L'apogée et la chute*, tome 2 sous direction de Jean Mistle, Nouvelles Editions Marabout, 1979, pp.134~135.

28) Robert Solé, *Les Savants de Bonaparte*, Éditions du Seuil, 2000, p.106. (이상빈 옮김, 『나폴레옹의 학자들』, 도서출판 아테네, 2003.)

29) Ben Weider & David Hapgood, *The Murder of Napoleon*, p.45. (김기환 옮김, 『헬레나 섬에서의 암살』, 대광출판사, 1993.)

30) Hélène Fouré et Robert Fouré, *Souvenirs français en Amérique*, The Atheneum, 1940, p.143.

나폴레옹 위대한 프랑스를 향한 열정

펴낸날	초판 1쇄 2013년 3월 25일
	초판 3쇄 2015년 8월 7일

지은이	서정복
펴낸이	심만수
펴낸곳	(주)살림출판사
출판등록	1989년 11월 1일 제9-210호

주소	경기도 파주시 광인사길 30
전화	031-955-1350 팩스 031-624-1356
기획·편집	031-955-1365
홈페이지	http://www.sallimbooks.com
이메일	book@sallimbooks.com

ISBN	978-89-522-1114-9 04080

※ 값은 뒤표지에 있습니다.
※ 잘못 만들어진 책은 구입하신 서점에서 바꾸어 드립니다.

함께 읽으면 좋은 책

사회·문화

089 커피 이야기

eBook

김성윤(조선일보 기자)

커피는 일상을 영위하는 데 꼭 필요한 현대인의 생필품이 되어 버렸다. 중독성 있는 향, 마실수록 감미로운 쓴맛, 각성효과, 마음의 평화까지 제공하는 커피. 이 책에서 저자는 커피의 발견에 얽힌 이야기를 통해 그 기원을 설명한다. 커피의 문화사뿐만 아니라 커피에 대한 일반적인 정보 및 오해에 대해서도 쉽고 재미있게 소개한다.

021 색채의 상징, 색채의 심리

박영수(테마역사문화연구원 원장)

색채의 상징을 과학적으로 설명한 책. 색채의 이면에 숨어 있는 과학적 원리를 깨우쳐 주고 색채가 인간의 심리에 어떤 작용을 하는지를 여러 가지 분야의 사례를 통해 설명한다. 저자는 색에는 나름대로의 독특한 상징이 숨어 있으며, 성격에 따라 선호하는 색채도 다르다고 말한다.

001 미국의 좌파와 우파

eBook

이주영(건국대 사학과 명예교수)

진보와 보수 세력의 변천사를 통해 미국의 정치와 사회 그리고 문화가 어떻게 형성되고 변해왔는지를 추적한 책. 건국 초기의 자유방임주의가 경제위기의 상황에서 진보-좌파 세력의 득세로 이어진 과정, 민주당과 공화당의 대립과 갈등, '제2의 미국혁명'으로 일컬어지는 극우파의 성장 배경 등이 자연스럽게 서술된다.

002 미국의 정체성 10가지 코드로 미국을 말하다

eBook

김형인(한국외대 연구교수)

개인주의, 자유의 예찬, 평등주의, 법치주의, 다문화주의, 청교도 정신, 개척 정신, 실용주의, 과학·기술에 대한 신뢰, 미래지향성과 직설적 표현 등 10가지 코드를 통해 미국인의 정체성과 신념을 추적한 책. 미국인의 가치관과 정신이 어떠한 과정을 통해서 형성되고 변천되어 왔는지를 보여 준다.

사회·문화

058 중국의 문화코드

강진석(한국외대 연구교수)

중국의 핵심적인 문화코드를 통해 중국인의 과거와 현재, 문명의 형성 배경과 다양한 문화 양상을 조명한 책. 이 책은 중국인의 대표적인 기질이 어떠한 역사적 맥락에서 형성되었는지 주목한다. 또한, 구체적이고 실제적인 여러 사물과 사례를 중심으로 중국인의 사유방식에 대해 설명해 주고 있다.

057 중국의 정체성 `eBook`

강준영(한국외대 중국어과 교수)

중국, 중국인을 우리는 과연 어떻게 이해해야 하나? 우리 겨레의 역사와 직·간접적으로 끊임없이 영향을 주고받은 중국, 그러면서도 아직까지 그들의 속내를 자신 있게 말할 수 없는, 한편으로는 신비스럽고, 한편으로는 종잡을 수 없는 중국인에 대한 정체성을 명쾌하게 정리한 책.

015 오리엔탈리즘의 역사 `eBook`

정진농(부산대 영문과 교수)

동양인에 대한 서양인의 오만한 사고와 의식에 준엄한 항의를 했던 에드워드 사이드의 오리엔탈리즘. 이 책은 에드워드 사이드의 이론 해설에 머무르지 않고 진정한 오리엔탈리즘의 출발점과 그 과정, 그리고 현재와 미래의 조망까지 아우른다. 또한 오리엔탈리즘이 사이드가 발굴해 낸 새로운 개념이 결코 아님을 역설한다.

186 일본의 정체성 `eBook`

김필동(세명대 일어일문학과 교수)

일본인의 의식세계와 오늘의 일본을 만든 정신과 문화 등을 소개한 책. 일본인을 지배하는 이데올로기는 무엇이고 어떤 특징을 가지는지, 일본을 주목해야 하는 이유는 무엇인지 등이 서술된다. 일본인 행동양식의 특징과 토착적인 사상, 일본사회의 문화적 전통의 실체에 대한 분석을 통해 일본의 정체성을 체계적으로 살펴보고 있다.

사회·문화

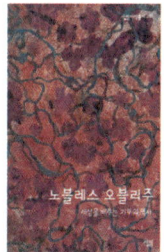

261 노블레스 오블리주 세상을 비추는 기부의 역사

예종석(한양대 경영학과 교수)

프랑스어로 '높은 사회적 신분에 상응하는 도덕적 의무'를 뜻하는 노블레스 오블리주. 고대 그리스부터 현대까지 이어지고 있는 노블레스 오블리주의 역사 및 미국과 우리나라의 기부 문화를 살펴보고, 새로운 시대정신으로 노블레스 오블리주를 부활시킬 수 있는 가능성을 모색해 본다.

396 치명적인 금융위기, 왜 유독 대한민국인가 `eBook`

오형규(한국경제신문 논설위원)

이 책은 전 세계적인 금융 리스크의 증가 현상을 살펴보는 동시에 유달리 위기에 취약한 대한민국 경제의 문제를 진단한다. 금융안정망 구축 방안과 같은 실용적인 경제정책에서부터 개개인이 기억해야 할 대비법까지 제시해 주는 이 책을 통해 현대사회의 뉴노멀이 되어 버린 금융위기에서 살아남는 방법을 확인해 보자.

400 불안사회 대한민국, 복지가 해답인가 `eBook`

신광영(중앙대 사회학과 교수)

대한민국 사회의 미래를 위해서 복지는 선택이 아니라 필수라고 말하는 책. 이를 위해 경제 위기, 사회해체, 저출산 고령화, 공동체 붕괴 등 불안사회 대한민국이 안고 있는 수많은 리스크를 진단한다. 저자는 사회적 위험에 대응하기 위한 복지 제도야말로 국민 모두의 삶의 질을 높일 수 있는 길이라는 것을 역설한다.

380 기후변화 이야기 `eBook`

이유진(녹색연합 기후에너지 정책위원)

이 책은 기후변화라는 위기의 시대를 살면서 우리가 알아야 할 기본지식을 소개한다. 저자는 기후변화와 관련된 핵심 쟁점들을 모두 정리하는 동시에 우리가 행동해야 할 실천적인 대안을 제시한다. 이를 통해 독자들은 기후변화 시대를 사는 우리가 무엇을 해야 할 것인지에 대하여 생각해 볼 수 있을 것이다.

… 사회·문화

eBook 표시가 되어있는 도서는 전자책으로 구매가 가능합니다.

- 001 미국의 좌파와 우파 | 이주영
- 002 미국의 정체성 | 김형인 eBook
- 003 마이너리티 역사 | 손영호
- 004 두 얼굴을 가진 하나님 | 김형인
- 005 MD | 정욱식 eBook
- 006 반미 | 김진웅
- 007 영화로 보는 미국 | 김성곤 eBook
- 008 미국 뒤집어보기 | 장석정
- 009 미국 문화지도 | 장석정
- 010 미국 메모랜덤 | 최성일
- 015 오리엔탈리즘의 역사 | 정진농 eBook
- 021 색채의 상징, 색채의 심리 | 박영수
- 028 조폭의 계보 | 방성수
- 037 마피아의 계보 | 안혁
- 039 유대인 | 정성호 eBook
- 048 르 몽드 | 최연구 eBook
- 057 중국의 정체성 | 강준영
- 058 중국의 문화코드 | 강진석
- 060 화교 | 정성호 eBook
- 061 중국인의 금기 | 장범성
- 077 21세기 한국의 문화혁명 | 이정덕 eBook
- 078 사건으로 보는 한국의 정치변동 | 양길현 eBook
- 079 미국을 만든 사상들 | 정경희 eBook
- 080 한반도 시나리오 | 정욱식 eBook
- 081 미국의 발견 | 우수근
- 083 법으로 보는 미국 | 채동배
- 084 미국 여성사 | 이창신 eBook
- 089 커피 이야기 | 김성윤 eBook
- 090 축구의 문화사 | 이은호
- 098 프랑스 문화와 상상력 | 박기현 eBook
- 119 올림픽의 숨은 이야기 | 장원재
- 136 학계의 금기를 찾아서 | 강성민 eBook
- 137 미·중·일 새로운 패권전략 | 우수근
- 142 크리스마스 | 이영제
- 160 지중해학 | 박상진
- 161 동북아시아 비핵지대 | 이상성 외
- 186 일본의 정체성 | 김필동 eBook
- 190 한국과 일본 | 하우봉 eBook
- 217 문화콘텐츠란 무엇인가 | 최연구 eBook
- 222 자살 | 이진홍 eBook
- 223 성, 억압과 진보의 역사 | 윤가현 eBook
- 224 아파트의 문화사 | 박철수 eBook
- 227 한국 축구 발전사 | 김성원 eBook
- 228 월드컵의 위대한 전설들 | 서준형
- 229 월드컵의 강국들 | 심재희

- 231 일본의 이중권력, 쇼군과 천황 | 다카시로 고이치
- 235 20대의 정체성 | 정성호 eBook
- 236 중년의 사회학 | 정성호 eBook
- 237 인권 | 차병직 eBook
- 238 헌법재판 이야기 | 오호택 eBook
- 248 탈식민주의에 대한 성찰 | 박종성 eBook
- 261 노블레스 오블리주 | 예종석
- 262 미국인의 탄생 | 김진웅
- 279 한국인의 관계심리학 | 권수영
- 282 사르트르와 보부아르의 계약결혼 | 변광배
- 284 동유럽의 민족 분쟁 | 김철민
- 288 한미 FTA 후 직업의 미래 | 김준성 eBook
- 299 이케다 하야토 | 권혁기 eBook
- 300 박정희 | 김성진 eBook
- 301 리콴유 | 김성진 eBook
- 302 덩샤오핑 | 박형기 eBook
- 303 마거릿 대처 | 박동운 eBook
- 304 로널드 레이건 | 김형곤 eBook
- 305 셰이크 모하메드 | 최진영
- 306 유엔사무총장 | 김정태 eBook
- 312 글로벌 리더 | 백형찬
- 320 대통령의 탄생 | 조지형
- 321 대통령의 퇴임 이후 | 김형곤
- 322 미국의 대통령 선거 | 윤용희
- 323 프랑스 대통령 이야기 | 최연구
- 328 베이징 | 조창완
- 329 상하이 | 김윤희
- 330 홍콩 | 유영하
- 331 중화경제의 리더들 | 박형기
- 332 중국의 엘리트 | 주장환
- 333 중국의 소수민족 | 정재남
- 334 중국을 이해하는 9가지 관점 | 우수근
- 344 보수와 진보의 정신분석 | 김용신
- 345 저작권 | 김기태
- 357 미국의 총기 문화 | 손영호
- 358 표트르 대제 | 박지배
- 359 조지 워싱턴 | 김형곤
- 360 나폴레옹 | 서정복
- 361 비스마르크 | 김장수
- 362 모택동 | 김승일
- 363 러시아의 정체성 | 기연수
- 364 너는 사랑 위험한 로봇이다 | 오은
- 365 발레리나를 꿈꾼 로봇 | 김선혁
- 366 로봇 선생님 가라사대 | 안동근
- 367 로봇 디자인의 숨겨진 규칙 | 구신애

- 368 로봇을 향한 열정, 일본 애니메이션 | 안병욱
- 378 데킬라 이야기 | 최명호
- 380 기후변화 이야기 | 이유진
- 385 이슬람 율법 | 공일주 eBook
- 390 법원 이야기 | 오호택
- 391 명예훼손이란 무엇인가 | 안상운
- 392 사법권의 독립 | 조지형
- 393 피해자학 강의 | 장규원
- 394 정보공개란 무엇인가 | 안상운 eBook
- 396 치명적인 금융위기, 왜 유독 대한민국인가 | 오형규 eBook
- 397 지방자치단체, 돈이 새고 있다 | 최인욱
- 398 스트레스 위험사회가 온다 | 민경식 eBook
- 399 한반도 대재난, 대책은 있는가 | 이정직
- 400 불한사회 대한민국, 복지가 해답인가 | 신광영 eBook
- 401 21세기 대한민국 대외전략: 낭만적 평화란 없다 | 김기수 eBook
- 402 보이지 않는 위협, 종북주의 | 류현수 eBook
- 403 우리 헌법 이야기 | 오호택
- 405 문화생활과 문화주택 | 김용범 eBook
- 406 미래 주거의 대안 | 김세용·이재준
- 407 개방과 폐쇄의 딜레마, 북한의 이중적 경제 | 남성욱·정유석
- 408 연극과 영화를 통해 본 북한사회 | 민병욱
- 409 먹기 위한 개방, 살기 위한 핵외교 | 김계동
- 410 북한 정권 붕괴 가능성과 대비 | 전경주
- 411 북한을 움직이는 힘, 군부의 패권경쟁 | 이영훈
- 412 인민의 천국에서 벌어지는 인권유린 | 허만호
- 428 역사로 본 중국음식 | 신계숙
- 429 일본요리의 역사 | 박병학 eBook
- 430 한국의 음식문화 | 도현신 eBook
- 431 프랑스 음식문화 | 민혜련 eBook
- 438 개헌 이야기 | 오호택
- 443 국제 난민 이야기 | 김철민
- 447 브랜드를 알면 자동차가 보인다 | 김흥식 eBook
- 473 NLL을 말하다 | 이상철 eBook

(주)살림출판사

www.sallimbooks.com
주소 경기도 파주시 문발동 522-1 | 전화 031-955-1350 | 팩스 031-955-1355